Deutsche Philosophie

Fröhliche Wissenschaft 100

Alain Badiou und Jean-Luc Nancy

Deutsche Philosophie

Ein Dialog

Herausgegeben, aus dem Französischen
übersetzt und mit einem Nachwort
von Jan Völker

Das Gespräch fand am 30.1.2016 im Rahmen einer Konferenz an der Universität der Künste (UdK) in Berlin statt. Herzlicher Dank gilt zunächst Alain Badiou und Jean-Luc Nancy, die sich auf diese umfassende Auseinandersetzung eingelassen haben und bereit waren, den Text anschließend noch einmal zu überarbeiten. Sie waren zudem einverstanden, zwei weitere Fragen – zu Adorno und zur Gegenwart der Philosophie – zusätzlich zu beantworten, die dem hier abgedruckten Text eingefügt wurden. Die Tagung an der UdK wurde von der DFG finanziert, der an dieser Stelle ebenfalls für die Ermöglichung dieses Projekts gedankt sei. Schließlich gilt der Dank Alexander García Düttmann, der wesentlich an der Ermöglichung und Realisierung dieses Gespräches beteiligt war.

JAN VÖLKER: Zu Beginn würde ich gerne eine recht allgemeine Frage stellen. Für euch beide spielt die deutsche Philosophie eine große Rolle in euren Werken. Genauso wie die Frage nach der Aktualität der Philosophie, der Aktualität ihrer Einmischung in die Gegenwart. Wie beurteilt ihr den Zustand des philosophischen Verhältnisses zwischen Frankreich und Deutschland?

ALAIN BADIOU: Ich denke, dass die Philosophie in einer diskontinuierlichen Weise existiert. Was es gibt, sind philosophische Momente. Die Idee einer Kontinuität, einer Tradition, ist jedenfalls eine akademische Vorstellung, genauso wie die, dass der Mensch ein philosophierendes Tier sei, dass es überall und immer Philosophie gebe; das ist eher eine Überzeugung des gegenwärtigen Journalismus. Es gibt diskontinuierliche philosophische Momente, und man kann sie in der Geschichte ausfindig machen. Es gab natürlich den großen griechischen Moment der Philosophie. Es gab einen großen arabischen Moment, dem griechischen Moment angefügt. Ich denke, dass es im 17. Jahrhundert ausgehend von Descartes mit Malebranche, Spinoza und Leibniz einen französischen Moment gab – selbst wenn Leibniz Deutscher war und Spinoza ein flämischer Jude. Ende des 17. Jahrhunderts, Anfang des 18. Jahrhunderts hat es einen englischen Moment mit Locke, Hobbes, Hume gegeben. Danach dann gab es einen deutschen Moment, bekannt unter dem Namen »Deutscher Idealismus«, mit Kant, Fichte, Schelling, Hegel. Und mir scheint, dass es im 20. Jahrhundert so etwas wie einen französisch-deutschen Moment gegeben hat. Dieser französisch-deutsche Moment drehte sich um die Phänomenologie. Er hat recht früh begonnen, mit Husserl, dann Heidegger, in Frankreich hatten wir Sartre, der kurz vor dem Krieg nach Berlin gegangen war, und Merleau-Ponty. Heute erleben wir vielleicht – ich gehe hier ein Risiko ein – das Ende des französischen Moments. »The french touch«, wie die Amerikaner sagen, die sehr viel zur akademischen Popularität dieses französischen Moments beigetragen haben – der im Übrigen, wenn man genau hinsieht, vielleicht französisch-slowenisch ist: Vergessen wir Slavoj Žižek und seine Nachfolger nicht. Dieser Moment hat, wie ich bereits sagte, in der Phänomenologie begonnen, und noch mehr in einem komplexen Bezug auf Heidegger, bei Derrida, Lacoue-Labarthe, Nancy, Ricœur. Er hat sich fortgesetzt, indem er den französischen Strukturalismus durchquert hat, besonders akzentuiert durch Lacan und durch Foucault. Und mit uns haben Sie zwei späte Repräsentanten, zwei Überlebende dieses Versuchs vor sich sitzen.

Worin bestand also dieser französische Moment, der als ein französisch-deutscher Moment geboren wurde und sich langsam in einen französischen verwandelt hat, bis hin zu dem Punkt, Frankreich in Amerika zu repräsentieren? Er bestand, glaube ich, in dem Versuch, die Philosophie in dem einzurichten, was ich einen »neuen Ort« nennen würde. Es ging darum, sie nicht akademisch zu begrenzen, sie in einer sehr lebendigen Weise zu ihrem Äußeren in Bezug zu setzen, sie durch die Literatur zu nähren, durch die Malerei, durch das Kino, die Mathematik, die Psychoanalyse, und auch darum, den Vitalismus von Nietzsche und Bergson wiederzubeleben, wie Deleuze es machte. Auf diese Weise begehrten all diese Philosophen auch, die Philosophie mit einer erneuerten kritischen Haltung zu versehen, was einen engen Bezug zur Politik mit sich brachte. Es gab natürlich verschiedene Tendenzen. Es gab die Dekonstruktion, mit Derrida. Es gab die Postmodernen, mit Lyotard. Es gab die Schule von Strasbourg, mit Lacoue-Labarthe und Nancy. Und dann gab es einzelne Unternehmen, wie meins, ein Unternehmen, das ich gerne als neoklassisch verstehe. Die philosophische Beziehung zwischen Frankreich und

Deutschland hat also eine Periode vielfältigen Austauschs und einer großen Nähe durchlaufen, zwischen den Dreißiger- und den Sechzigerjahren, vielleicht auch ein bisschen darüber hinaus, in jedem Fall während einer sehr langen Sequenz, die auch den Zweiten Weltkrieg überdauerte, und das ist eine bemerkenswerte Tatsache.

Wo befinden wir uns jetzt? Vermutlich am Ende dieser Periode. Und wir wissen nicht, wohin wir gehen. Die Ungewissheit in Bezug auf das Schicksal der Philosophie im Allgemeinen ist groß, insbesondere auch was die französisch-deutsche Beziehung in diesem Feld angeht.

Eigentlich scheint mir, dass die Situation der Philosophie heute, gespiegelt in der Frage nach dem französisch-deutschen Verhältnis, von Ihnen abhängen wird. Damit meine ich, in Anbetracht des Ortes, an dem wir sprechen: von Ihnen, den jungen Deutschen, aber natürlich auch von den jungen, an der Philosophie interessierten Franzosen.

Ich möchte daran erinnern, dass ich persönlich seit Langem ein Befürworter der Fusion von Frankreich und Deutschland bin. Ich bin kein großer Befürworter Europas. Was ist dieses Europa, ohne Russland, ohne die Türkei, verkrampft in ein defensives und wenig kreatives Verhältnis zu seiner vergangenen imperialen Größe? Nein, was ich mir wünsche, ist die Fusion von Frankreich und Deutschland. Ein einziges Land, ein einzelner föderaler Staat, zwei herrschende Sprachen, das wäre vollkommen möglich. Frankreich ist ein zu altes Land, erdrückt von seiner Geschichte, so verwelkt wie prätentiös, ohne Grund dazu zu haben. Und Deutschland ist ein Land voller Ungewissheit. Es weiß nicht, was es ist, es sucht sich verzweifelt, und das seit jeher. Wenn wir Frankreich und Deutschland zusammenführen, werden wir dem alten Frankreich ein Ende machen, und wir werden Deutschland eine wahre Jugend geben. Was wird in diesem Zusammenhang aus der Philosophie? Nun, sie wird wirklich französisch-deutsch werden. Und das wird vielleicht ihre glorreichste Epoche werden. Das ist mein Mythos der Gegenwart.

JEAN-LUC NANCY: Da ist zunächst ein Paradox. Wir sprechen von der Philosophie zwischen Frankreich und Deutschland oder von einer französisch-deutschen, wie Alain sie gerade prophezeit hat, – und wir sind Franzosen. Das ist doch merkwürdig! Aber vielleicht nicht ganz so merkwürdig, wie es scheint, denn ich denke, dass uns beide etwas sehr Feines verbindet, kaum sichtbar, das als ein französisches Selbst markiert ist, und das dennoch wie eine Differenz zwischen »eher Frankreich« auf der einen Seite und »eher Deutschland« auf der anderen Seite funktioniert. Ich weiß nicht, ob du damit einverstanden bist, aber …

BADIOU: Ich also zu französisch, du zu deutsch?

NANCY: Zu sehr … *Warum nicht?**[1] Ich weiß nicht. Jedenfalls glaube ich, dass ich deinem historischen Durchgang sehr gut folgen kann – aber ich würde etwas hinzufügen und zugleich seine Ausrichtung leicht verändern. Zum Beispiel in Bezug auf deine Bemerkung, dass die Verbindung trotz des Krieges fortgeführt wurde. Ich hätte die Tendenz zu denken, dass es nicht trotz des Krieges war, sondern wegen des Krieges. Das heißt, dass sich Frankreich zwischen den beiden Kriegen tatsächlich sehr stark philosophisch eingedeutscht hat. Die Einführung Hegels in Frankreich durch Kojève, die Nähen im Denken Batailles zu Heidegger – sie sind kaum bekannt, aber sie existieren – und viele solcher Momente. Ich glaube, es ist überhaupt kein Zufall, dass sich diese Art von Überkreuzung, die wesentlich von einem Import der deutschen Philosophie nach Frankreich gekennzeichnet ist, welche bis dahin merkwürdigerweise in Frankreich unbekannt war, zur gleichen Zeit hergestellt hat, zu der der Krieg ausgebrochen

[1] Kursive Wörter mit Asteriskus (*) wurden während des Gesprächs auf Deutsch ausgesprochen.

ist, der Erste Weltkrieg, der doch die erste große Erschütterung, der Beginn des Endes von Europa war. Es war nicht so, dass es keine Möglichkeiten der Kommunikation gegeben hätte, aber letztlich wurden kaum Gedanken ausgetauscht. Danach führte der Zweite Weltkrieg zunächst zur Emigration einer gewissen Zahl von Philosophen aus Deutschland, und zur gleichen Zeit, kurz nach und sogar während des Krieges, zur Innervation des französischen Denkens durch die deutsche Philosophie. Nun denke ich aber, dass man diese Phänomene in der Geschichte der Philosophie, an die du erinnert hast, noch etwas weiter zurückverfolgen kann. So lässt sich hinzufügen, dass vom deutschen Idealismus, vom großen deutschen Idealismus – übrigens auch von der Romantik, von der ersten deutschen Romantik – oft gesagt wurde, dass sie im Gegensatz zu Frankreich standen, weil man in Frankreich die Revolution machte und in Deutschland nicht, da es hier keinen Grund gab, sie zu machen – eben weil Deutschland noch nicht Deutschland war. Aber angefangen mit Kant über Hölderlin bis zumindest Hegel beinhaltete das Selbstverständnis der Philosophen auf verschiedene und bemerkenswerte Weise den Mangel einer Revolution, die Erwartung einer anderen Revolution oder die Durchführung einer nicht politischen, sondern spekulativen Revolution. Über dieses Phänomen ist sehr oft gesprochen worden. Und ich denke, es berührt tatsächlich etwas im Denken. Es ist, als hätte Deutschland, gerade weil es noch nicht vereinigt war, während das in Frankreich schon lange der Fall war – so lange sogar, dass es, da bin ich vollkommen einverstanden, heute schwach ist und darunter leidet, weil es zu alt ist – im Denken entwickelt, was es als Staat noch nicht realisiert hatte, nehmen Sie nur Fichte und Hegel. Aber andererseits war die Französische Revolution tatsächlich auch eine philosophische Operation. Eine ganze Gedankenwelt trat hier in die Realität, kam zur Praxis, während man sich in Deutschland, zumindest zum Teil, unvermögend vor der Hypothese einer Revolution sah oder aber sie mit einer gewissen Distanz betrachtete. Ich denke an Kant, der seinen üblichen Spaziergang plötzlich erheblich verlängert, um die Post mit Nachrichten von der Französischen Revolution zu erhalten, der aber zur gleichen Zeit dennoch erklärt, dass man nicht das Recht habe, den Souverän zu töten. In all dem liegt möglicherweise etwas Wichtiges, weil es zeigt, dass die französisch-deutsche Beziehung seit Langem eine philosophische Beziehung gewesen ist. Man müsste auch England hinzunehmen, wie du richtig anmerkst, aber dann würde es sehr kompliziert, weil das, was sich in England zuträgt, auch eine Rolle in dem politisch-ökonomischen Prozess spielt, in dessen Innerem sich diese philosophische Verschiebung vollzieht.

Ich möchte hier keine tiefergehende Analyse beginnen, das wäre ein anderer Gegenstand, aber ich habe mich vor unserem Zusammentreffen tatsächlich gefragt, welche Züge ich von der deutschen Seite behalten könnte? Was ist diese deutsche Philosophie, die in Frankreich so anregend wirkte? Ich würde sagen, dass es vielleicht etwas gibt, das tatsächlich mit der deutschen Philosophie erscheint und nur mit ihr erscheint, das bereits bei Kant leicht durchscheint, aber danach mehr und mehr bei Hegel, Schelling, Hölderlin und schließlich Heidegger sichtbar wird. Und zwar eine Beschäftigung damit, dass das Sagen der Philosophie, ihre Äußerung, der Modus ihrer Äußerung, selbst ihre Stimme, wenn man so will, im Gesagten präsent sein soll. Anhand des Paares von »Sagen« und »Gesagtem« kann man, ohne daraus notwendigerweise eine Referenz auf Levinas herzustellen, konstatieren, dass sich die französische Philosophie seit Descartes und den Ideologen, die die Philosophen der Revolutionsepoche sind, eher im Modus eines Diskurses und einer in gewisser Weise neutralen Äußerungsform vollzog, dass sie auf Objekte zielte, während Deutschland sofort die Sprache in das Denken eingeführt hat. Leibniz war der Erste, der erklärte, dass Deutsch zwar die beste Sprache zum Philosophieren sei, dass es ihr aber noch an Reife fehlte. Kein Franzose hat je etwas Ähnliches gesagt. Und danach, am anderen Ende, haben wir das, was Heidegger die Privilegien der deutschen Sprache nennen konnte. Ich würde also sagen, dass das Deutsche in dem französisch-deutschen Paar – du hast es auf eine andere Art gesagt, die das, was ich zu sagen versuche, durchaus berührt – eher ein Sagen im Gesagten ist, das heißt auch, dass es ein philosophischer Diskurs ist, der schon an sich selbst eine Handlung darstellt, der schon an sich selbst etwas Eigenes ist. Dieser Diskurs ist sicherlich nicht einfach die Praxis überhaupt, aber er ist selbst auch eine Praxis. In diesem Sinne gibt es einen, den du nicht genannt hast, das ist Marx! Das hast du absichtlich gemacht! Marx ist übrigens vielleicht der erste fast französisch-englisch-deutsche Philosoph. Aber gerade bei Marx gibt es einen großen Diskurs, der Objekte behandelt, aber in dem es auch eine Stimme gibt, die spricht, die will, die gehört werden will. Die eine Ansprache erklingen lassen möchte, eine Sensibilität.

BADIOU: Marx ist so wenig deutsch! Vielleicht ist er auch nicht unbedingt ein Philosoph. Lassen wir Marx beiseite.

VÖLKER: Jean-Luc, du hast die Frage der Revolution und des Idealismus aufgenommen, und dabei fiel auch der Name Kant. Ich würde hier gerne noch einmal anknüpfen. Bei dir, Alain, wurde Kant im Grunde immer als Philosoph der Endlichkeit verstanden, als ein Philosoph, den du auch nicht besonders schätzt. Und trotzdem könnte man ja glauben, dass die Kant'sche Ablehnung der Existenz des Ganzen oder die Unterscheidung von Wissen und Wahrheit als Verstand und Vernunft oder aber auch das Verständnis der Idee als einer regulativen einen starken Einfluss auf deine Philosophie haben. Bei dir wiederum, Jean-Luc, könnte man auch die Frage nach der Anwesenheit eines Kant'schen Erbes stellen. Deine Dissertation handelte von Kant, später treten Namen wie Heidegger oder Hegel stärker in den Vordergrund. Dennoch habe ich mich häufig gefragt, ob du damit einverstanden wärest, den Moment der Unterbrechung der Bewegung des Seins, eine Unterbrechung jeder Verbindung, die als Unterbrechung dennoch zum Sein gehört, als einen Kant'schen Punkt zu verstehen. Durchaus auch in der Bewegung als Praxis, die gerade angesprochen wurde.

BADIOU: In Wahrheit mag ich Kant nicht. Ich bewundere ihn, er ist von einer außergewöhnlichen Zähigkeit und Subtilität. Aber bewundern und mögen, das ist nicht das Gleiche, vor allem nicht auf dem fürchterlich diskontinuierlichen Feld der großen philosophischen Werke. Ich mag ihn nicht sonderlich, weil ich, erstens, das Motiv der »Grenzen der Vernunft« nicht mag. Was die *Kritik der reinen Vernunft* anbelangt, mag ich das eigentlich kritische Ziel nicht, das darin besteht, die Grenze der reinen Vernunft, der kognitiven Rationalität, zu fixieren. Ich affirmiere, dass die Vernunft, einschließlich der reinsten – sagen wir der mathematischen Vernunft – ohne Grenze ist, absolut. Zweitens, was die *Kritik der praktischen Vernunft* anbelangt, mag ich die Idee des kategorischen Imperativs nicht. Ich denke nicht, dass etwas rein Formelles existiert, wie es der kategorische Imperativ ist, der von Beginn an eine Universalität der Moral erschafft. Sicherlich, ich denke, dass Imperative, im Plural, existieren, gebunden an Situationen und an Ereignisse. Aber der Bereich dieser Imperative, ihre Materie wie auch die Subjektivität, die sie erfordern, hängen von den Welten ab, in denen sie Geltung beanspruchen. Und was die *Kritik der Urteilskraft* angeht, so mag ich die Unterscheidung zwischen dem Schönen und dem Erhabenen nicht, aus meiner Sicht ein perfektes Emblem des »romantischen« Zugs des ganzen deutschen Idealismus. Man könnte also schließen, dass ich letztlich nicht sehr viel mag, zumindest nicht an dem offiziellen Kant, dem Kant, der auf ein paar Slogans reduziert ist.

Und dennoch fühle ich mich beständig verpflichtet, mit Kant zu diskutieren, Worte von Kant wieder aufzunehmen, in meinem Buch *Logiken der Welten* von einem »Transzendental« zu sprechen und mich oft auf verschiedene Vorworte, Einleitungen und Projekte Kants zu beziehen.

Offen gesagt habe ich ein ambivalentes Verhältnis zu Kant, da mir seine philosophischen Strategien missfallen. Kurz gesagt: Ich mag das *kritische Projekt* nicht. Die Idee, dass man einen theoretisch negativen und praktisch erhabenen Weg zwischen dem angeblichen »Dogmatismus«, also Descartes, und dem sehr realen Empirismus, also Hume, finden müsste, begeistert mich ganz und gar nicht. Zur gleichen Zeit fühle ich natürlich, dass es da eine Art von Bruch gibt, einen Übergang, eine neue Modernität, eine bewundernswerte Anstrengung. Er lässt mich an Leute in unserem Umfeld denken, die man in gewisser Weise bewundert, weil sie sich durch Hartnäckigkeit und Subtilität auszeichnen, die aber andererseits unerträglich wirken, weil sie zwanghaft sind. Das ist es, was ich von Kant grundsätzlich denke: Er ist der obsessive Philosoph par excellence.

NANCY: Mit Ausnahme des Tages, an dem er die Neuigkeit der Französischen Revolution erfährt.

BADIOU: Der einzige Tag! An diesem Tag, oh Wunder, ist Kant hysterisch. Ohnehin gibt es drei Arten von Philosophen: die Hysteriker, die Zwanghaften und die Paranoiker. Und Kant ist der größte aller Zwanghaften. Ich bin zweifelsohne eher paranoisch: das Absolute, das System und das alles. Die Größe Kants liegt für mich aber gleichzeitig wesentlich in der nahezu unglaublichen Größe des Obsessiven. Er ist derjenige, der aus seinen Obsessionen erfolgreich etwas gemacht hat – es lässt sich deutlich sehen: die Obsession der Grenze, der Schubladen der kategorischen Einordnungen, der Über-Ich-Zwang des Befehls, die Obsession der feinen Unterscheidung zwischen diesem und jenem, die Erfindung aller Elemente eines esoterischen Vokabulars –, ja, er hat es geschafft, daraus ein neues und unumgängliches philosophisches Werk zu machen. Aber im alltäglichen Leben sind alle seine Obsessionen unerträglich. Man stelle sich vor, wie das sein müsste, mit Kant zu leben!

NANCY: Niemand hat mit ihm gelebt – nur sein Diener!

BADIOU: Das ist tatsächlich vollkommen unmöglich, aber Sie verstehen, dass ein Philosoph, mit dem niemand leben kann, trotz allem ein Problem darstellt! Vielleicht besteht sein Rat an alle darin, mit niemandem zu leben? Bei Descartes oder Hegel spürt man bis in ihre unsichersten begrifflichen Konstruktionen hinein, dass man einen Sommer mit ihnen verbringen könnte. Bei Kant steht das nicht zur Diskussion. Das ist die schlechte Seite der zwanghaften Subjektivität Kants. Aber auf der anderen Seite gibt es hinter der obsessiven Konstruktion und der strategischen Thematik eine Art unermüdlichen Willen, eine Art hochmütige Bescheidenheit. So wie ein Professor, der an sich Träger einer wirklich außergewöhnlichen Forschungsethik ist, auch wenn er von ihr überwältigt wird.

Aber mir fällt auf, dass ich hier losgelöst von der Frage nach Deutschland über Kant spreche. Das rührt wohl daher, dass die Frage nach Deutschland für mich – du hast vorhin die Gründe dafür genannt – später beginnt, dort, wo Deutschland sich im tatsächlich historischen Nachdenken über seine eigentliche Existenz als unabhängiger und vereinter Staat, als Weltmacht erschafft. Was im Übrigen in eins fällt mit der Erfindung der historischen Romantik. Kant hat sicherlich in seinem Anfall von Enthusiasmus für die Erhabenheit der Französischen Revolution daran gerührt, aber es steht nicht im Zentrum seiner Lehre. Das beginnt kurz danach.

Mit dieser Frage des Aktes von historischem Ausmaß – ja, du hast Recht, das ist die große Frage bis hin zu Marx –, dieser Frage nach dem

Engagement des Philosophen, nach dem Schicksal der Völker, stellt sich natürlich die große Frage ein: »Was ist Deutschland?« Mit Antworten, die mehr oder weniger alle darauf hinauslaufen zu sagen, Deutschland sei das neue Griechenland, Deutschland sei die Heimat des Denkens, Deutschland sei der Ort der Philosophie – also nationalistische und megalomane Erklärungen. Aber trotzdem bringen sie auch etwas Neues, und sie führen die Frage nach der Geschichte in die Philosophie ein. Damit öffnen sie dem universalen Denken den Kontinent seines historischen Schicksals.

Aber Kant ist für mich ein besonderer Fall, der der französisch-deutschen Frage vorausgeht und der nicht unmittelbar das Problem der historischen Grenzen, der Sprachgrenzen, der politischen Grenzen, der Grenzen des Denkens zur Sprache stellt. Deswegen habe ich zu ihm solch ein extrem ambivalentes Verhältnis, anders als zu Hegel, der für mich eine der drei oder vier vollkommen wesentlichen Figuren der Philosophie ist. Für mich beginnt der lebendige, konkrete Bezug zur deutschen Philosophie als solcher in der Geschichte ein wenig später. Genau danach.

NANCY: Ich kann mich dem anschließen, wenn du sagst, Kant sei nicht wirklich deutsch. Ja, er ist zunächst Preuße, Preuße und Deutscher, das sind zwei Seiten, unabhängig von der Bedeutung, die Preußen natürlich bei der Entstehung Deutschlands zukommt. Aber mit allem anderen bin ich überhaupt nicht einverstanden!

BADIOU: Das hoffe ich sehr! Sonst würde es ruhig, viel zu ruhig.

NANCY: Du sagst, dass du Kant nicht magst. Ich verstehe, es ist nicht einfach, Kant zu mögen, er ist nicht sehr angenehm. Auch deshalb übrigens, weil er noch nicht wirklich deutsch schreibt. Er schreibt das, was man ein Kanzleideutsch genannt hat. Er bewundert ein altes, ranziges Latein aus dem Mittelalter, er liebt diese scholastische Sprache. Es gibt Wendungen in Kants Latein, die sind absolut köstlich, und es gibt diese kitschige Seite – aber Kant ist sich dessen vollkommen bewusst. Er ist einer der seltenen Philosophen, die sich darüber beklagen, nicht die Sprache zu haben, die es bräuchte, um ihr Denken darzulegen. Er wünscht sich, dass ein Poet käme und das vollbrächte, was er nicht schafft. Es gibt eine Stelle in der *Kritik der Urteilskraft* – als er von der Möglichkeit eines erhabenen Kunstwerkes spricht –, an der er dafür drei mögliche Formen aufzeigt: das Lehrgedicht, die Verstragödie und das Oratorium. Und wenn er »Lehrgedicht« sagt, dann bin ich fast sicher, dass er dabei von Lukrez träumt. Übrigens hat

Lukrez viele Philosophen zum Träumen gebracht, wie in einer anderen Hinsicht der platonische Dialog – zum Beispiel – auch Hegel zum Träumen brachte, der sagt, dass wir nicht mehr in der Lage sind, Dialoge wie die Griechen zu verfassen, weil wir ihre großen Modelle nicht mehr haben. Kant ist also zumindest bewusst, dass sein Sagen dem, was er sagen möchte, nicht ausreichend entspricht. Einerseits. Anderseits: Du sagst, dass du die Grenzen der Vernunft nicht magst. Aber hier wehre ich mich entschieden! Alain, es gibt keine Grenzen der Vernunft für Kant! Die Grenzen der bloßen Vernunft – das heißt, die Grenzen, die im Titel *Die Religion innerhalb der Grenzen der bloßen Vernunft* stehen – sind die Grenzen einer Vernunft, die sich dem widersetzt, was er *Schwärmerei** nennt, das religiöse Trugbild. Aber davon abgesehen – denn er hatte wirklich das Anliegen, eine Religion auszuarbeiten, die nicht in das Trugbild führt – ist Kant der Erste, der sagt, dass die Vernunft von einem *Trieb** bewegt wird, also dem, was wir nach Freud als »*pulsion*« übersetzen und was lange als »*instincte*« übersetzt worden ist. Und dass dieser Trieb ein Trieb zu dem ist, was Kant das Unbedingte nennt. Aber – das ist Badiou! *Warum nicht?** Ich weiß nicht, was du ihm da vorwirfst. Du scheinst mir Opfer einer etwas überkommenen Lektüre von Kant zu sein, vielleicht derjenigen eines gewissen Neukantianismus. Für Kant finden sich die Grenzen der Vernunft, also das, was vor allem Gegenstand der ersten Kritik ist, in der Beschränkung dessen, was er im Vergleich zur Vernunft den *Verstand** nennt. Natürlich kann man in der ersten Kritik den Eindruck haben, dass von der Vernunft einfach verlangt wird, ihre Ansprüche auf metaphysische Erkenntnis abzulegen. Da wirst du nicht dagegen sein? Also, das Ich, die Welt, der Gott – alles fällt unter dem Schlag der Kritik. Aber was ist der Sinn dieser Operation? Für mich wird damit die ganze Modernität aufgeschlossen, weil der Sinn dieser Operation darin besteht zu sagen: Es handelt sich hierbei nicht mehr um ein Objekt der Erkenntnis. Ich verstehe, dass du davor zurückschreckst …

BADIOU: In jedem Fall beunruhigt es mich!

NANCY: Aber dass es gerade keine in einer Ordnung der Erkenntnis des Objekts präsentierbaren Objekte der Erkenntnis sind, verhindert nicht, dass die gesamte anschließende Arbeit Kants bereits in der ersten Kritik, in der Auflösung der Antinomien und auch oder noch mehr in den zwei folgenden Kritiken, vor allem in der dritten, enthalten ist. Alle weitere Arbeit Kants besteht in dem Versuch, das zu denken, was vielleicht über das Objekt, über das Objektivierbare der Erkenntnis hinaus denkbar ist. Ich würde sagen: was vielleicht unter dem Titel des Realen gedacht wird. Du hast davon nicht gesprochen, aber oft wird behauptet, dass es für Kant die Phänomene einerseits und dann noch das Ding an sich andererseits gibt, als wäre das Ding an sich irgendwo versteckt. Ich bin überzeugt – und ich überzeuge mich nicht ganz allein, es ist auch das Ergebnis vieler Lektüren Kants, die es in der Zeit zwischen ihm und uns gegeben hat, diejenige Heideggers insbesondere, aber auch andere –, dass das Ding an sich nichts anderes als die Position der Sache als solcher ist. Die Tatsache, dass sie positioniert ist, dass sie existiert: Es ist die Existenz. Und zweitens bin ich auch überzeugt – jedes Mal aufs Neue, wenn ich Kant lese, selbst wenn ich Kant durch Badiou lese, wenn du so willst –, dass diese Existenz, diese Position der Existenz, für Kant von Beginn an multipel ist. Es gibt nicht ein Ding an sich irgendwo hinter dem Wahrgenommenen der Phänomene. Es gibt, angehängt an die Ruine des Beweises der Existenz Gottes – der dennoch das Meisterstück des Angriffs gegen eine träumende Vernunft ist –, eine reine und bloße Existenz aller Dinge, eine Existenz, die zwangsläufig multipel ist. Irgendwo in einem posthumen Fragment sagt Kant: Wie soll man sicher sein, dass das nicht alles ein Traum ist? Einfach deshalb, weil man davon sprechen kann – es ist da, es gibt Reales. Ich will nicht übertreiben, aber um ein wenig zu übertreiben, würde ich fast sagen, dass Kant der erste Existenzialist ist. Im Grunde ist seine ganze Operation – aber hier ist es deine Kritik, die mich dazu bringt, noch weiter zu gehen …

BADIOU: Nur zu!

NANCY: Ich würde sagen, dass Kant, nach dem ganzen großen klassischen Rationalismus, das heißt Descartes, Spinoza, Leibniz und vielleicht mit einem Impuls, der ihm vor allem von Leibniz zukam, derjenige ist, der in einer ersten, natürlich schwierigen Form die Frage nach einer reinen, tatsächlich präsenten, wirksamen Realität hervortreten lässt. Einer Realität, an der man sich stößt und von der die Vernunft, ihrem *Trieb** gemäß, das Unbedingte verlangt, sie verlangt den absoluten Grund von all diesem, und sie weiß, dass sie ihn nicht bekommen wird. Sie weiß es, weil sie es im Grunde nur in dem finden kann, was er den Schlussstein eines vollständigen Systems der Vernunft nennt – kurz: in der Freiheit. Und die Freiheit bei Kant ist nicht einfach die Freiheit des klassischen *liber arbiter*, es ist die Freiheit, wie er sagt, eine neue Reihe von Phänomenen zu beginnen. Es ist also auch eine Freiheit, die die Geschichte einbezieht. Und da hast du mich überrascht, weil du sagst, »für mich beginnt Deutschland erst danach, es beginnt mit der Geschichte«. Aber die Geschichte beginnt auch mit Kant, in der Philosophie. Er hat sich in mehreren Texten mit der Geschichte befasst. Das ist also mein Kant.

BADIOU: Das ist eine schöne Differenz! Nur ein Wort. Was ich denke ist, dass alles absolut erkannt werden kann. Es gibt einen treffenden Ausspruch von Mao, wenn man mir dieses Eindringen Chinas in die französisch-deutsche Kontroverse erlaubt: »Wir werden dahin gelangen, alles zu erkennen, was wir vorher nicht erkannten.« Und Kant hört nicht auf zu erklären, warum genau das nicht möglich sei. Selbst wenn er ein allgemeines Prinzip des Zugangs zu einem Realen eröffnet, das nicht auf die Fiktion eines versteckten und unzugänglichen Dings an sich reduzierbar ist, selbst wenn er das macht, dann bewegt sich das unmittelbar in einem Register, das auf explizite Weise das Erkennen ausschließt, dem kannst du nicht widersprechen.

NANCY: Ja, er nennt es den *Glauben**.

BADIOU: Das ist es, was ich – ja, die Grenzen des Verstandes, die Grenzen der Vernunft, die Grenzen der Rationalität im Allgemeinen nenne. An diesem Punkt kehre ich tatsächlich auf die Felder der Klassik, vor die Kritik zurück und verteidige die entgegengesetzte These: Letztlich kann alles absolut erkannt werden.

NANCY: Aber dennoch kommt es auch bei dir vor, dass du von etwas sprichst, wenigstens von einer Sache, nicht dem Ding an sich, sondern von etwas, von dem du überzeugt bist, dass es existieren muss, das du aber nicht kennst. Du nennst es Kommunismus oder auch die Möglichkeit einer vollen, erfüllten Existenz, des Existent-Werdens einer Inexistenz. Ich kann jetzt nur paraphrasieren und habe keine Texte vorliegen … Ich glaube, du denkst das! Was ist das »ich glaube« Badious?

BADIOU: Ich glaube, dass alles absolut erkannt werden *kann*! Dein Einwand, dass ich weiß, dass es viele Sachen gibt, die wir noch nicht kennen, ist kein Einwand. Ich sage nicht, dass wir absolut alles kennen. Ich sage, dass das Axiom des Erkennens als solchem darin besteht, dass wir alles erkennen können. Es gibt Nicht-Erkanntes, es gibt Unerkanntes, aber es gibt kein im eigentlichen Sinn Unerkennbares.

NANCY: Was heißt erkennen?

BADIOU: Nun, das wäre ein »langer Umweg«, wie mein Lehrer Platon sagen würde.

NANCY: Aber wir haben die Zeit.

BADIOU: Nehmen wir das kanonische Beispiel bei Kant: Das Sein an sich. Fortan gilt es als Punkt der Konvergenz der Wissenschaften, dass dieses »Sein an sich«, das heißt das Sein, gedacht in der rein objektiven Dimension seines Seins als solchem, nichts anderes als das allgemeine System der möglichen Formen der Vielheit ist. Nun können wir dieses System der möglichen Formen der Vielheit mathematisch erforschen. Und es so erkennen. Welche Frage du mir auch immer stellst, ich werde dir das Register ihrer möglichen Erkenntnis geben.

Ich sage überhaupt nicht, dass diese Erkenntnis vollständig entfaltet, auf dem Höhepunkt ihrer Absolutheit angelangt ist, wenn man die Absolutheit in der Form des Ganzen versteht. Aber sie ist durchgängig möglich. Sobald man zu sagen beginnt, dass es ein »Ding« gibt, dessen eigentliche Natur es ist, dass man es nicht erkennen kann, fällt man in den Obskurantismus, fällt man in eine gefährliche Vision der Existenz, nach der wir uns mit Dingen, die existieren, die da sind, einzurichten und mit ihnen zu leben haben, die wir aber nicht erkennen können, nicht einmal verstehen.

Ich denke, dass diese Orientierung in allen möglichen gegenwärtigen Behauptungen sehr präsent ist. Wenn zum Beispiel ein Premierminister meines Landes das Wort ergreift, um zu sagen, dass der Versuch der Erklärung einer Sache bereits deren Rechtfertigung bedeutet. Er hat das in Bezug auf den Massenmord im letzten November in Paris gesagt und erklärte damit: Wenn Sie versuchen, diese schrecklichen Dinge zu erklären, dann sind Sie bereits dabei, sie zu entschuldigen. Er hat gesagt: Erklären, also der Versuch zu erkennen, zu verstehen, das heißt bereits entschuldigen. Und das ist eine sehr weitverbreitete Idee. Der philosophische Kampf gegen diese Idee muss affirmieren, dass dieser Typ von Aussage ein obskurantistischer und unzulässiger Typ ist. Man muss die These universell verteidigen, dass die effektive Erkenntnis dessen, was geschieht, möglich ist. Kant, ganz wie der englische Empirismus, kann eingesetzt werden, um die gegenteilige Position aufrechtzuerhalten, das heißt: Es gibt unverrückbare Grenzen unseres kognitiven Vermögens, und deswegen existiert Unerkennbares. Sicherlich, Kant kann zu anderen Zwecken gelesen werden, wenn man von der praktischen Vernunft ausgeht. Aber man kann nicht vermeiden, dass er dazu in Dienst genommen werden kann. Es ist eine gängige Interpretation des »kritischen« Denkens, die These zu verteidigen, dass es tatsächlich Unerkennbares gibt und dass dieses Unerkennbare schließlich umso wichtiger ist, als es auf der Seite des Seins-an-sich alles Existierenden steht.

NANCY: Aber es geht selbst für Kant nicht darum, vom Unerkennbaren zu sprechen. Es geht darum, vom Unerkennbaren im Modus der Konstruktion eines Objekts zu sprechen, eines Objekts, das in einer experimentellen Operation mit der Materie produziert wird, nach dem Modell Galileis, Newtons etc., wie du selbst weißt. Und von dieser Erkenntnis möchte Kant unbedingt die metaphysischen Objekte des Gottes, des unsterblichen Ichs und der Welt als Totalität ausschließen. Das heißt, er sagt überhaupt nicht, dass diese Dinge unerkennbar sind, er sagt, dass es sich um eine andere Erkenntnis handelt. Sicherlich, er sagt das nicht so, aber letztlich will er darauf hinaus, dass es sich um ein anderes Verhältnis der Vernunft zu ihren Objekten handelt. Und dieses andere Verhältnis erscheint zum einen – immer noch in den Begriffen Kants, ich sage nicht, dass ich mich daran halten möchte – in Form der zweiten Kritik, das heißt des kategorischen Imperativs, den du nicht magst, obwohl der kategorische Imperativ nichts anderes ist als die Vernunft, die sich selbst befiehlt, die Sachen, so wie sie sind, unendlich zu transformieren, und zwar so, dass jede Handlung sich wie ein universales Gesetz der Natur verstehen lässt. Was für Kant bedeutet, sich in die Position eines Gottes ohne Gott zu begeben. Und zum anderen geht es in der dritten Kritik darum, die Zwecke, immer Endzwecke genannt, zu denken, genau so, als ob man sie als Zwecke denken könnte, obwohl wir gerade wissen – und das ist eine Sache, die wir wissen! –, dass sie keine Zwecke *sind*. Warum? Weil der Mensch das Wesen der Zwecke ist. Das ist aber immer noch etwas anderes als einfach zu sagen: Es gibt Erkanntes, und dann gibt es das Unerkennbare.

VÖLKER: Ich versuche, die Rolle des Agent Provocateur noch einmal aufzunehmen. Nach der Frage nach den Grenzen, die ja bereits aufgetaucht ist, und nachdem auch das Stichwort der Totalität schon fiel, und mit dem Namen Kant in gewisser Weise der Name Hegel einhergeht: Auch Hegel ist für euch beide ein entscheidender Denker. Die Frage, die ich gerne stellen würde ist: Wie viel System ist notwendig, um Negativität zu denken? Die *Unruhe des Negativen*, um einen Titel von Jean-Luc zu zitieren, der einen Satz von Hegel zitiert, ist für dich, Alain, noch immer in das Eine des Hegel'schen Systems eingebettet. Die Frage wäre: Ist das die Hegel'sche Frage, nämlich die Frage, ob Negativität nur in das Eine eines Systems gedacht werden kann? Muss? Nicht kann?

NANCY: Hegel, das ist die Negativität als Bewegung. Als Bewegung, die, wie er sagt, dazu führt, dass das Eine seine eigene Negation ist oder dazu führt, dass das Sein, verstanden als »geistlose Kopula«, sich sofort aufhebt. Es ist in gewisser Weise etwas sehr Einfaches, fast nichts, aber in diesem Nichts gibt es eine Mobilität, eine Aktivität, die verpasst zu haben Hegel Kant vorwirft, wenn er in *Glauben und Wissen* sagt: Kant hat eine bewundernswerte Statue konstruiert, aber sie hat kein Blut in ihren Adern, und so löst sich die Statue auf. Die Hegel'sche Negativität ist für mich also die Bewegung. Es ist viel weniger die Bewegung eines Systems, auch wenn es ein System gibt, ich habe nichts gegen das System, aber hier bin ich einfach verpflichtet, noch einmal kurz Kant zu zitieren, der sagt, dass die Systeme lebendige Wesen sind, die sich entwickeln, sich überkreuzen. Ich stimme zu, es gibt kein Denken, das nicht systematisch wäre, das heißt, das keinen Zusammenhang bildet. Was sollte das sein, ein Denken, das aus Stücken bestünde? Aber ein System ist deswegen noch keine imposante Struktur. Ich weiß, dass es für dich dennoch eine Struktur ist, die nach Prinzipien verfährt und die es erlaubt, alles diesen Prinzipien zu unterwerfen. Ich würde im Gegenteil sagen, dass Hegel für mich ebenso nicht gerade das Anti-System ist, aber das, ich weiß nicht, wie man es nennen soll, das Hypersystem? Das Hypersystem, das nicht aufhört, sich selbst zu systematisieren. Wenn man von Hegel spricht, hat man sofort, notwendigerweise, die letzte Seite der *Phänomenologie des Geistes* mit dem Zitat von Schiller vor Augen (übrigens ein wenig von Hegel verfälscht): »Aus dem Kelche dieses Geisterreiches schäumt ihm seine Unendlichkeit«. *Gibt es nicht darin auch ein bisschen Badiou?** Das letzte Wort der *Phänomenologie des Geistes* schäumt gewissermaßen, ein Schaum der, nein nicht aus ihm, sondern aus diesem Kelch aufspritzt. Es gibt die Totalität, eine Totalität, die beweist, dass die Totalität überhaupt keine geschlossene, verschlossene Totalität ist, sondern als ihre eigene Unendlichkeit zu sich selbst aufschäumt. Darüber hinaus stimmt es, dass Hegel für mich während meiner Studienzeit eine beträchtliche Rolle gespielt hat, weil – das sind Zufälle, Kontingenzen – ich jemanden getroffen habe, der Hegel in Frankreich mit einer großen Energie unterrichtete. Schließlich würde ich noch etwas anderes hinzufügen. Dass Hegel für mich, mit Schelling, vielleicht noch mit einigen anderen, aber vor allem mit Schelling, etwas repräsentiert, von dem ich denke, dass es in der Philosophie heute weitestgehend fehlt, nämlich das was man in dieser Zeit die Philosophie der Natur, die *Naturphilosophie** nannte. Natürlich, Naturphilosophie, das erschiene heute ein wenig lächerlich. Hegel gibt den Sinn von allem an, aller Elemente, er erklärt, was das Licht ist, was das Feste ist, das Gasförmige, das Mineralische, dann die Pflanze, danach das Lebendige etc. Nun ist diese Naturphilosophie auch eine Weise, jedem Ding das Wort zu erteilen. Oder jedes Ding mit dem Wort zu durchqueren, und dies scheint mir doch etwas zu sein, was die Philosophie machen möchte, machen soll, zu machen versucht. Also diese zwei Dinge: die Bewegung und die Rede für alles.

BADIOU: Ich möchte zunächst sagen, dass mich ein wirklich leidenschaftliches Verhältnis nur mit drei Philosophen verbindet: Platon, Descartes und Hegel. Für mich ist dies das systemische Konzentrat der Geschichte der Philosophie. Mein Verhältnis zu Hegel steht also in vollkommenem Gegensatz zu dem zu Kant. Ich mag ihn wirklich, Hegel. Ich mag ihn bis in seine Verrücktheiten hinein, von denen du gesprochen hast. Er hat immerhin versucht, die exakte Zahl der Planeten als ein Attribut des Absoluten abzuleiten. Was bedeutete, ein großes Risiko einzugehen, ein Risiko, das sofort dadurch belohnt wurde, dass man einen weiteren Planeten fand. Was normalerweise das ganze System zum Einsturz hätte bringen müssen! Denn es gibt keine rein lokalen Teile des Hegel'schen Systems. Es gibt eine allgemeine Verkettung und wenn Hegel sich in der Anzahl der Planeten geirrt hat, dann hat er sich folglich vielleicht auch in vielen anderen Dingen geirrt. Aber schlussendlich mag ich all das. Ich mag es aus den Gründen, die du nennst. Weil ich dieser Bewegung der Durchquerung aller Dinge durch die Philosophie, mit dem, was du auf eine etwas allgemeine Art die »Sprache« nennst, zustimme, das ist auch meine Sicht. Was bei Hegel dazu führt, dass ich mich nicht wirklich in seinem Denken niederlassen, mich in ihm wohlfühlen kann, wie sehr auch immer ich ihn mag, ist das frenetische Begehren nach Erschöpfung, die unruhige Leidenschaft des Enzyklopädisten, das Begehren zu beweisen, dass wir bereits in der Lage sind – oder dass er jedenfalls in der Lage ist –, zum Beispiel die Totalität dessen zu erreichen, was die Figuren des Bewusstseins sein können, ohne einen wahren Platz für die Unbestimmtheit der Zukunft zuzulassen. Zwischen der unmittelbaren Sinnlichkeit und dem absoluten Wissen führt Hegel die Erschöpfung jeder subjektiven Figur aus. Und, woran du erinnert hast, das ist das gleiche für die Natur: die Idee einer Erschöpfung ihrer Bestimmungen. Ich habe also das Gefühl einer Schließung, die sich im Inneren des auflösenden und schöpferischen Prozesses der Negativität andeutet. Nicht gerade als vorhergehende Totalität, sondern eher als integrale Ausfüllung, als ein vollständiger Durchgang. Ja, Hegel denkt wirklich, dass die Philosophie ein vollständiger Durchgang ist. Letztlich ist das Absolute von Anfang an bei uns, und er, Hegel, ist in der Lage, die einzelnen Etappen des langen Marsches anzugeben, den das Absolute, das doch von Beginn an da war, macht, um sich selbst zu subjektivieren und am Ende als bewussten Neuanfang seinen Durchgang in sich aufzunehmen. Am Ende löst sich das Absolute von seiner eigenen Absolutheit. Gleichwohl hat man den Eindruck, dass diese letzte Absolution die Tatsache bestehen lässt, dass man den gesamten Durchgang aller möglichen Figuren der Subjektivierung durchlaufen hat. Ich denke also, dass es, trotz aller Einwände, die man gegen diese totalisierende Vision haben kann, bei Hegel das Gefühl eines Endes gibt. Im doppelten Sinn des Worts: Das Ende ist das Schicksal der Figuren des Bewusstseins im Raum der Möglichkeit des absoluten Wissens und zugleich ist es der Eintritt in das Vergessen der vorherigen Etappen. In Bezug auf die Kunst beispielsweise könnte man das Motiv des Endes der Kunst eben nicht als das Ende jedweder künstlerischer Aktivität interpretieren, das ist es nicht, sondern als das Ende der Notwendigkeit von Kunst für die Entfaltung des Geistes. Die Kunst hat, eigentlich seit dem Ende der griechischen Kunst, ihren Status als historische Figur des Absoluten ausgeschöpft. Deshalb kann Hegel sagen, dass die Kunst »eine Sache der Vergangenheit« ist. Wir berühren hier die Grenze meines Hegel'schen Denkens, das dennoch sehr weit geht. Was das Übrige anbelangt, die Bewegung der Negativität, sein außergewöhnlicher Sinn für den Übergang von einer

Sache zur anderen, die unglaubliche Lesart der Geschichte – von der er spricht, wie es ein hervorragender Roman täte, mit dem Spannungsaufbau über einzelne Abschnitte, regelrechten Theatertricks im Inneren der scheinbar umfassenden Bestimmung; aber auch mit monumentalen Fehlern, die jedoch ohne Bedeutung sind, mit souveränen, schlecht gerechtfertigten Abneigungen, über die man aber hinwegkommt: All das hat eine beachtliche Art von konzeptioneller Schönheit. Und da stimme ich dem zu, was du gesagt hast: Es stimmt, dass es innerhalb der prosodischen Konstruktion selbst eine Figur der Verpflichtung gibt, die faszinierend und sicherlich eine Erfindung ist. Eine Erfindung von quasi ästhetischem Charakter, eine authentische Kraft der Rede, die niemals vor dem Gebrauch eines extravaganten Jargons zurückschreckt. Die Hegel'sche Sprache ist eine konstante Entdeckung. Der beste Beweis ist übrigens, dass man beim Versuch, ihn zu übersetzen, schließlich immer wieder bei den deutschen Worten landet.

Aus all diesen Gründen ist Hegel ein wichtiger Horizont für mich, weil er der wahre Denker der Negativität ist, nicht der traurigen negativen Negativität im Sinne Adornos, sondern der affirmativen Negativität, der schöpferischen Negativität. Hegel ist ein immenser Erfinder, der einer dynamischen Spezies angehört, er ist in intensiver Weise begrifflich, aufbrausend, überraschend, ein bisschen jargonhaft, aber voller Geist. Deswegen empfindet man ihn als Zeitgenossen. Abgesehen von der Idee einer Erschöpfung nicht nur des Realen, sondern des Möglichen, die meiner Meinung nach nicht zeitgenössisch ist.

NANCY: Eine erste Bemerkung: Man müsste doch sagen, ganz gleich, ob es sich um Kant oder um Hegel handelt, dass wir uns nicht auf sie als ihre Zeitgenossen beziehen können. Wir kommen zwangsläufig nach ihnen, wir lesen sie wieder. Was mich überrascht ist, dass du sagst »ich mag Kant nicht, ich mag Hegel«. Was ich indes über den einen wie den anderen sagen würde, ist, dass es sich zuallererst nicht um eine Frage des Affektes, sondern der Rezeption handelt: Ich weiß, dass ich dies durch die Lektüren sage. Ich hätte nicht denselben Bezug zu Hegel, wenn es nicht Kojève gegeben hätte, aber auch Bataille, über Kojève hinausgehend, und dann viele andere und Derrida. Also ist es zunächst so: Wir machen ja keine Einkäufe im Supermarkt der Philosophie, sondern wir sind wir, heute, im Jahr 2016, wir nehmen also Sichtweisen ein, wir probieren Sichtweisen auf das, was geschehen ist, was uns hervorgebracht hat.

Zweite Bemerkung: Die Erschöpfung – ich bin da nicht so sicher, weil das absolute Wissen nichts anderes als die Rückkehr des Geistes durch all seine Figuren hindurch ist. Aber Hegel gibt nicht vor, dass alle Figuren mit seiner Präsenz vollendet sind. Sicherlich denkt er, dass etwas dabei ist, sich zu erfüllen. Diese Erfüllung sieht er oft in der Figur des Staates. Im Staat sieht er eine doppelte Erfüllung, eine ist gut erkannt: Er ist der Erste, der zeigt, dass der Staat die Verwaltung der bürgerlichen Gesellschaft ist, aber dass er zugleich auch das ist, was er die Idee nennt – die *sittliche Idee**. Das ist nicht die »moralische« Idee, das ist die ethische Idee *in actu*. Und diese ethische Idee *in actu* nimmt anhand einer Repräsentation, die historisch, die diejenige ihrer Zeit ist, die Figur eines konstitutionellen Monarchen an, bis hin zu dem Punkt, dass seine alleinige Person, so insistiert Hegel, ob nun kontingent oder natürlich, dank des dynastischen Prinzips materiell die Idee verkörpert, während er nichts anderes macht als, wie Hegel sagt, »mit seinem Namen zu unterzeichnen«. Aber hinter der Unterschrift dieses Monarchen gibt es das Mysterium der von ihm so genannten ethischen Idee. Nur die Philosophie kann, sagt er, diese Majestät betrachten. Nun ist dies ein Satz, den du auch in eine Erschöpfung wandeln kannst, aber tatsächlich bedeutet er, dass für ihn die wahre Politik die Über-Politik oder die Hyper-Politik der Philosophie ist, und man kann sagen, dass das auch auf das Verschwinden des Staates hinführt, zugunsten von etwas, das der ethischen

Idee *in actu* noch näherkommt. Ich will sagen, dass es bei Hegel etwas gibt, das immer im Begriff ist, die Möglichkeit der Erschöpfung zu stören, zum Beispiel die Kontingenz: Die Person des Monarchen ist kontingent. An anderen Stellen bei Hegel gibt es auch weitere Beispiele des unwiderlegbaren Charakters der Kontingenz. An einer Stelle in der *Enzyklopädie*, an der er jemanden angreift, ich habe seinen Namen vergessen, indem er sagt: »Herr X möchte, dass ich die Notwendigkeit der Feder, mit der ich schreibe, deduziere. Das ist komplett lächerlich usw.« Ob es also der Monarch oder meine Feder ist, nicht alles ist deduzierbar, und nicht alles führt zu einem erschöpfenden System. Ich sage nicht, dass es nicht auch diese Tendenz zur Erschöpfung gibt. Aber Hegel führt eben nicht nur auf den Schaum am Ende der *Phänomenologie* hin, sondern auch zum Ende der *Enzyklopädie*, wo er, Aristoteles zitierend, sagt, dass der Geist sich selbst genießt. Hegel ist vielleicht gerade der erste Denker des unendlichen Genießens und das in einer Zeit, in der es eine Art von Entfesselung gibt. Der Erste nach Spinoza, zu dem er viele Verbindungen hat, auch wenn es sich bei Spinoza »Freude« nennt, ein Wort, das trotzdem die Dublette des Genießens ist. Das Genießen bei Hegel knüpft nicht aus Versehen an den Schaum an – es ist vielmehr genau das, was nicht aufhören kann, das, von dem es keine Erschöpfung gibt. Was aufhört, was abgeschnitten ist, davon sprichst du an einer Stelle, an der du mich dafür kritisierst, ein, wie du es nennst, »Genießen der Engel« zu denken, um dann hinzuzufügen: »Aber Vorsicht, es wird dennoch aufhören«. Ich widerspreche hier nicht: Das unendliche Genießen ist endlich. Das Endliche öffnet sich unendlich. Ich würde sagen, dass das Genießen, von dem Hegel spricht, seine Art und Weise ist, das Verhältnis zum Außen eines Geistes zu benennen – ich nehme das Wort von Hegel –, eines Geistes, der sich gerade nicht selbst erschöpfen kann, nicht an sein eigenes Ende gelangen kann. Aber nicht an sein eigenes Ende zu gelangen, heißt zugleich, sich unendlich zu vervollständigen. Und was ist eine unendliche Vervollständigung? Das frage ich dich.

BADIOU: Aber die unendliche Vervollständigung steht in einem unmittelbaren Verhältnis genau dazu, dass das Absolute nichts anderes als das Subjekt seines eigenen Durchgangs ist. Das Unendliche bei Hegel ist also der Subjekt gewordene Durchgang selbst. Nichts von dem lässt sich mit einer substanziellen Begrenzung beschränken. Der Schaum bedeutet einfach, dass der zum absoluten Wissen gelangte Geist die Totalität seiner Figuren *in ihrer subjektivierten Dimension* betrachten und beleben kann. Sicherlich ist keine davon »vollendet« im Sinne einer Schließung, die ihre Überprüfung verböte. Dennoch handelt es sich um eine Erschöpfung des Möglichen. Davon abgesehen möchte ich noch eine Bemerkung zur Methode des Lesens machen. Ich lese Autoren, Konstrukteure von Philosophie, weitaus naiver als du. Ich nehme vollkommen ernst, was sie in Bezug auf das, was sie sind, erklären. Du sagst: Die aufeinanderfolgenden Interpretationen modifizieren all dies. Und ich sage: Nein, das ändert nicht die expliziten Aussagen der Philosophen in Bezug auf ihr wirkliches Projekt. Du kannst, selbst wenn du es gerne anders hättest, nicht leugnen, dass das Projekt Hegels auf die Erschöpfung der historischen Möglichkeiten zielt. Du kannst nicht leugnen, dass das Absolute die Subjekt gewordene Wiederaufnahme seines Durchgangs »in Figuren« ist, du kannst nicht leugnen – und hast es übrigens gerade selbst gesagt –, dass Hegel die absolute Figur des Staates definitiv in Gestalt der preußischen Bürokratie konzipiert usw. All das ist Teil der notwendigen *Singularität* von Philosophen. Es ist ein inneres Zeugnis, dass ihre ganze Kraft, ihre ganze Größe darin besteht, aus einem derart determinierten wie prekären historischen Material eine gewisse Dosis an Universalität zu extrahieren. Die Größe von Philosophen zeigt sich weniger, indem man sie »korrigiert«, wenn man in ihre Werke die unzähligen Spuren der Kontingenz einklebt. Es ist nicht nützlich, alles, egal was, zu korrigieren.

NANCY: Es ist nicht nützlich, aber es geht nicht anders! Weil es die Geschichte gibt, weil man danach kommt. Ich bin mit dir vollkommen einer Meinung, man muss wirklich wissen, was man machen will. Will man Hegel richtig lesen, dann muss man sich die Frage stellen, warum man Hegel liest, denn man ist nicht dazu verpflichtet, ihn die ganze Zeit wieder zu lesen. Aber wenn man Hegel lesen will, um richtig darzustellen, was sein Denken ausmacht, dann hast du vollkommen recht. Doch das bedeutet auch: Man muss Hegel wieder in seine Zeit stellen. Und zwar genau in die Zeit, von der ich gerade gesprochen habe, die Zeit, in der Deutschland noch nicht im Begriff war, seinen Staat vollkommen zu modernisieren, wie Frankreich es zur gleichen Zeit unternimmt. Das ist die eine Sache. Aber wir, die wir in jeder Hinsicht heute leben, können kaum vorgeben, Hegel so zu lesen, als befänden wir uns um 1800.

BADIOU: Aber das ist überhaupt nicht mein Anliegen! Ich will Hegel naiv lesen, *als naiver Leser von heute.* Und daraus das machen, was ich will, das ist alles. Das ist meine Position in Bezug auf die großen Philosophen. Eigentlich würde ich gerne für alle das machen, was ich für Platon gemacht habe, das heißt, sie neu zu schreiben.

NANCY: Aber es macht dir gar nichts aus zu sagen: »Ich nehme das, was ich bei Platon finde, und schreibe es vollkommen anders neu«.

BADIOU: Aber ja, ich schreibe es anders neu. Dabei gehe ich von einer, wie ich es nenne, effektiven und naiven Lektüre dessen aus, was er für mich in dem griechischen Text, den ich lese, gemacht hat. Das ist keine sophistische Hermeneutik, die darin bestünde zu erklären, was Hegel vielleicht wirklich sagen wollte … »Wir wissen jetzt, dank der Lektüre von X, dass Hegel überhaupt nicht dem entspricht, was wir so lange geglaubt haben« … »Wir wissen, dass diese naive Lektüre Hegels, die vielleicht die seine war, nicht haltbar ist« … In Wirklichkeit agierst du, jedes Mal wenn ich ihn angreife, wie ein Anwalt Hegels und genauso auch wie ein Anwalt Kants. Wenn du sagst: »Oh, lieber Freund, diese Angriffe sind ungerechtfertigt, denn wenn er das gesagt hat, dann aufgrund seiner Zeit; wenn er es damals besser gewusst hätte, hätte er etwas anderes gesagt«, dann modernisierst du ihn auch, eben um ihn zu verteidigen.

NANCY: Ja, ich modernisiere, aber nicht um zu sagen: »Das ist es, was er wirklich oder wahrhaftig gesagt hat«. Ich werde von dem Gefühl geleitet, und von mehr als einem Gefühl, dass es eine kontinuierliche Bewegung gibt, eine

Bewegung der Geschichte, die – du hast vorhin davon gesprochen – zu Verständigungen, Kreuzungspunkten und Ähnlichem zwischen Frankreich und Deutschland und auch anderen geführt hat. All das ist die Geschichte. Nun hat Marx – eben habe ich wohl gehört, dass du verlangst, dass wir Marx aus dieser Diskussion ausschließen, aber nein, ich beanspruche ihn trotzdem ein wenig – gesagt, dass die Philosophen nicht wie Pilze aus der Erde sprießen. Nun bist du kein Pilz, ich bin kein Pilz, es ist auch nicht sicher, dass wir Philosophen sind, wobei, doch, das ist sicher, geben wir es zu. Was auch immer die Philosophen also sind, wie übrigens die Künstler oder die Gelehrten und alle überhaupt, sie sind in jedem Fall Früchte ihrer Zeit. Was heißt ihrer Zeit? Das meint einen Moment, es gibt Rhythmen der Zeit, es gibt also gewisse Momente, in denen etwas eine gewisse Form annimmt.

BADIOU: In Wirklichkeit sind sie Pilze! Komplizierte Pilze!

NANCY: Wenn Du so willst. Ich denke das oft, weil Marx sich ein wenig irrt, da er anscheinend denkt, dass die Pilze durch eine Urzeugung, eine Generatio aequivoca, entstehen.

BADIOU: Du rekonstruierst die Wahrheit des Pilzes.

NANCY: Obwohl der Pilz tatsächlich an bestimmten Orten sprießt, insbesondere die Steinpilze wachsen zum Beispiel nicht irgendwo, das ist bekannt. Der Pilz wächst unter bestimmten Bedingungen, wozu das Licht, die Feuchtigkeit usw. gehören. In diesem Sinn hat Marx unrecht, und man muss also die Formel ersetzen durch: Die Philosophen fallen nicht vom Himmel. Die Frage bleibt trotzdem: Wenn die Philosophie eben keine Reihe von Singularitäten ist, die einfach so auftauchen – warum dann Kant und warum Hegel? Es gibt Kant, weil ein kritischer Moment erreicht ist, der sich in vielen Dingen zeigt, in Deutschland im *Sturm und Drang**, in Frankreich an Rousseau, es gibt also einen kritischen Moment, und es muss in den ganzen dominierenden Systemen der Repräsentation der Vernunft etwas in Bewegung gebracht werden. Hegel ist wiederum eine andere Sache.

Die Philosophen sind also von ihrer Zeit hervorgebracht und von ihrer Zeit so hervorgebracht, dass sie die Aufgabe haben, ihre Zeit zu denken. Das ist genau das, was Hegel sagt: Die Philosophie kommt, wenn eine Gestalt des Lebens sich vollendet. Aber interessant ist, dass Hegel dies sagt, obwohl die Philosophie ihr Grau in Grau malt, im Grunde ist diese Sache also sehr traurig. Und für Hegel scheint es tatsächlich traurig zu sein, da er ja an anderer Stelle in der *Ästhetik* sagt, dass seine Zeit eine sei, der es an Farben des Lebens mangle. Er ist also auch der erste Denker einer Form der Erschöpfung. Ich würde nicht sagen des Niedergangs, das wäre wirklich etwas zu viel, aber dennoch könnte man sagen, dass die Erschöpfung, von der du sprichst, sich auch auf das Gefühl bezieht, dass etwas dabei ist aufzuhören, sich aufzulösen. Und das Grau ist eine Abwesenheit der Farben. Tatsächlich hätte Hegel lieber mehr Farbe vor sich. Jeder Philosoph ist auch ein Symptom. Du wirfst mir vor, sie zu modernisieren, aber es ist vielmehr so, dass es mir möglich ist, mit Heidegger oder Derrida aus Hegel Schlüsse zu ziehen, die er selbst tatsächlich nicht gezogen hat, die aber auch nicht unbedingt die Schlüsse sind, die Kojève aus ihm ziehen zu können glaubte.

VÖLKER: Ein Name, der in seinem Fehlen mehrmals anwesend war, ist Marx. Jean-Luc, du hast Marx einmal als eine mächtige, kräftige Maschine beschrieben. Diese Maschine hätte geschafft, das gesamte Feld seiner Epoche zu vermessen, und dabei festgestellt, dass der Kapitalismus seine eigene Selbstüberschreitung produziert, und zwar in Form der *jouissance*, des Genießens. Und für dich, Alain, ist der Marxismus, also nicht Marx, sondern der Marxismus, von essenzieller Bedeutung für die zweite Sequenz der kommunistischen Hypothese. Aber du hast auch gesagt, dass wir uns heute in einer ähnlichen Situation befinden wie Marx, bevor er das Manifest geschrieben hat. Aus einer philosophischen wie aus einer aktuellen, gegenwärtigen Perspektive: Wie sehr fehlt uns heute die praktische Differenz, die Marx in die Philosophie einschreibt? Die Frage ist also tatsächlich die nach dem fehlenden Marx. Oder bezeichnet Marx eher eine interne Differenz in der Philosophie?

BADIOU: Ja, ich habe eine Schwierigkeit damit, Marx direkt als Philosophen zu beschreiben. Offen gestanden habe ich die gleiche Schwierigkeit mit Freud. Und ich denke, in beiden Fällen liegt es daran, dass das Ziel ihres Denkens explizit eine definierte Praxis ist. Nicht »die Praxis« im Allgemeinen, die alles in allem ein Begriff ist, sondern eine definierte Praxis. Marx benutzt philosophische Verkettungen oder Verkettungen philosophischer Herkunft, aber nicht mit dem Ziel, ein philosophisches Werk zu erschaffen. Das Ziel ist vielmehr, am Klassenkampf seiner Zeit zu partizipieren, die Lehren aus dem Scheitern der Revolutionen nach 1840 zu ziehen und eine Arbeiterinternationale aufzubauen, all das auf Basis einer Kritik der politischen Ökonomie. Im Übrigen ist bekannt, dass Marx von Anfang an eine Art von Kritik der Philosophie im Allgemeinen vorschlägt: Die Philosophen, sagt er, haben die Welt bis jetzt nur interpretiert, es geht nun darum, sie zu verändern. Dies markiert in seinen Augen einen Bruch. Mir scheint, dass man eine besondere Bezeichnung erfinden müsste für all die Fälle, in denen die Philosophie zu dem alleinigen Zweck einberufen wird, zur Erschaffung einer singulären, organisierten und kodifizierten Praxis beizutragen – ganz gleich, ob es sich dabei um eine kommunistische Internationale handelt, mit dem Ensemble der revolutionären Praktiken, die mit ihr verbunden sind, oder um den Kern der Psychoanalyse mit der Definition der Kur. Denn genau genommen gibt es keine philosophische Praxis. Weder die Revolution noch die Analyse können als philosophische Praktiken beschrieben werden. Es sind Praktiken, die vielleicht philosophische Elemente einbeziehen, aber es sind keine philosophischen Praxen. Denn eigentlich ist die Existenz der Philosophie, wie im Übrigen auch die Existenz der Kunst, nichts anderes als die Erscheinung der großen, mit Eigennamen verknüpften singulären Werke. Philosoph ist wahrhaft jeder, der ein philosophisches Werk erschafft, das der Zeit standhält. Ich würde die Formulierung vorziehen: Es gibt Philosophie in Marx, ohne dass uns dies jedoch zwingt zu sagen, dass Marx ein Philosoph sei. Ich habe das Gefühl, dass in den philosophischen Diskussionen über Marx immer wieder Schwierigkeiten auftauchen, weil sie nicht geführt werden können wie bei anderen, es ist nicht wie bei Hegel, Kant, Descartes oder selbst Platon. Ich würde das gleiche über Freud oder Lacan sagen, auch über Lenin oder Mao. Bei all diesen bemerkenswerten Denkern sind die philosophischen Bestandteile einem singulären, rigoros definierten Zweck zugeordnet, der selbst außerphilosophischer Natur ist. Natürlich könnte man fragen: »Aber was ist mit den Urteilen, die Marx (oder Lacan) über die Philosophie fällt?« Offen gestanden denke ich, dass der erste Teil der berühmten Aussage von Marx in den Thesen zu Feuerbach ganz einfach nicht exakt ist. Zu sagen, dass die Philosophen die »Welt interpretiert« haben, lässt der Philosophie überhaupt keine Gerechtigkeit widerfahren. Der begriffliche Vorschlag der Philosophie zeigt sich anders als in der Figur einer Interpretation der Welt. Sie kann sich mit so einer Aufgabe überschneiden, aber sie reduziert sich in keiner Weise darauf. Die Interpretation der Welt ist viel eher das Wesen der Mythen, der Religionen, der Weisheiten, all dieser Dinge. Die Philosophie, wesenhaft rational an die Wissenschaften und zunächst an die Mathematik angelehnt, ist begrifflich und nicht hermeneutisch ausgerichtet. Die Philosophie ist ein System singulärer Fragen, in dessen Zentrum meiner Meinung nach die folgende Frage steht: Existiert etwas, das einen universellen Wert hat, oder existiert es nicht, und wenn ja, wie ist es möglich? Andere Philosophen würden sie anders stellen, aber in jedem Fall würden auch sie singuläre Fragen artikulieren, die keinesfalls als »Interpretationen« der Welt erscheinen. Es stimmt also, dass die Philosophen im politischen Sinn kein Programm als solches zur Änderung der Welt vorstellen. Vielleicht kreuzen sie auch mal diese Art von Gegenstand, aber es ist nicht ihre wahrhafte Bestimmung, so wie sie auch keine Interpretation der Welt vorstellen. Die Idee, von der Interpretation zur Veränderung überzugehen, scheint mir also kurz gesagt ein vollkommener Irrtum zu sein. Und warum? Weil es ein im Zuge einer politischen Polemik gefälltes Urteil ist. Es ist eine Abrechnung mit den alten Hegelianern einerseits, eifrigen Konservativen, und mit Feuerbach andererseits, dem die Klassenanalyse fehlt. Ich halte also an zwei Punkten fest, erstens: Marx ist eigentlich kein Philosoph, obwohl er die Philosophie benutzt. Und zweitens: Das Urteil, das er über die Philosophie fällt und das angeblich einen radikalen Schnitt in die Philosophie einziehen muss – das war zum Beispiel ein wenig die Interpretation Althussers –, ist ein Urteil, das meiner Meinung nach nicht stichhaltig ist und das übrigens auch tatsächlich keinen radikalen Schnitt in der Geschichte der Philosophie gesetzt hat.

NANCY: Mit deinen letzten Sätzen kann ich nur einverstanden sein. Aber ich interpretiere die Gesamtheit dessen, was du sagst, anders als du. Ich bin damit einverstanden zu sagen, dass Marx nicht wirklich ein Philosoph ist – wie auch immer die Definition wäre, die man von der Philosophie geben könnte. Er ist kein Philosoph, weil er gerade nicht vorgeht wie jeder andere Philosoph, d. h. weil er nicht bis zum Rand der Möglichkeit vorstößt mit seinen Mitteln. Er versucht nicht aufzuwerfen, zu sagen, zu benennen, zu bezeichnen, was er beständig als Zielpunkt seines Denkens reklamiert. Er benennt nicht, was er avisiert, und sei es auch unbenennbar. Das zeigt sich für mich in zwei Hauptbeispielen: Da ist der sehr berühmte Satz von Marx, nach dem die Religion der Geist einer geistlosen Welt sei. Das ist ein hervorragender Satz, sehr effizient gegen die Religion, aber man achtet nicht genug auf Folgendes: Wenn er sagt, die Welt sei geistlos, dann bedeutet das, dass er von diesem »Geist« etwas weiß und dass er dessen Fehlen konstatiert. Nun unternimmt Marx aber nirgendwo den Versuch zu sagen: »Geist soll als Folgendes definiert werden«. Ähnlich verhält es sich mit jener Äußerung, die sich, glaube ich, zweimal bei Marx findet und nach der das Ziel nicht das kollektive Eigentum ist, wie man so oft gesagt oder geglaubt hat, sondern dass mit dem Verschwinden des privaten Eigentums auch das kollektive Eigentum verschwindet und das individuelle Eigentum erscheint. Das individuelle Eigentum wird von Marx zwar erwähnt, aber er sagt nichts dazu. Weil er nicht sagt, was das individuelle Eigentum ist, ist er kein Philosoph. Darüber sind wir uns einig. Wenn man aber ein wenig vor das *Kapital* zu den Pariser Manuskripten zurückgeht, ohne sich um den epistemologischen Einschnitt Althussers zu sorgen, wird man dennoch einige Elemente finden, mit denen denkbar wird, was ein Individuum ist. Insbesondere habe ich vor Kurzem eine Passage aus den Manuskripten von 1844 wiedergelesen, in der er vom individuellen Genießen des tätigen Arbeiters spricht, sich in seiner Produktion, in seiner Arbeit bestätigt zu finden. In seiner Arbeit und durch seine Arbeit. Man hat hier bereits ein kleines Element dessen vor sich, was er als Individuum denkt. Dies ist sehr, sehr weit entfernt von dem, was wir heute »Individuum« nennen, und er denkt vielleicht, wer weiß, an ein Subjekt, das genauso gut kollektiv sein könnte. Aber er denkt in jedem Fall ein Genießen. Ein Genießen seines eigenen als Wert anerkannten Wertes. Und in diesem Moment nimmt das Genießen – das ist sein Wort, *Genuß, genießen** – den Sinn oder den Wert der Selbstbewertung eines Wertes an. Aber ein Wert, der sich selbst bewertet, das ist ein Wert, der keine Bewertung benötigt, das ist ein Wert, der an sich selbst absolut wertvoll ist. Ich habe mehrmals versucht zu zeigen, dass der gesamte Marx auf einem Denken des absoluten Wertes beruht. Dass dieser absolute Wert sich Mensch nennt – der Mensch als Produzent seiner Existenz und darüber hinaus als sozialer und kollektiver Produzent. Aber er selbst entwickelt das nicht, er hat vielleicht nicht die Mittel dazu, aber das vermittelt sich trotz allem durch seine Bilder, die noch immer in unseren Köpfen präsent sind. Du weißt – das ist in der *Heiligen Familie* oder in der *Deutschen Ideologie* –, der von der entfremdeten, entlohnten Arbeit befreite Arbeiter, der am Vormittag jagt, am Nachmittag angeln geht und am Abend vor sich hin kritisiert. Hier gibt es etwas, das sogar das Genießen verdoppelt, weil die Arbeit des Vormittags bereits eine Anerkennung von mir als tätigem Menschen wäre, das Angeln brächte eine andere Anerkennung – ich weiß nicht genau, welche Art, dafür bin ich nicht Angler genug – und ebenso das intellektuelle Kritisieren, das ist klar. Es gibt also für mich bei Marx etwas wie das Genießen eines absoluten Wertes. Insofern würde ich nicht sagen, dass er kein Philosoph ist. Er ist ein Philosoph, der an einer Stelle aufgehört hat, Philosoph zu sein. Oder vielleicht ist er ein Philosoph, der sich von einer dringenden Aufgabe hinwegtragen lässt, und alles in allem wird man ihm dies nicht vorwerfen. Auf diese Weise ist Marx viel weiter gegangen, als nur gegen die abscheulichen Bedingungen der Arbeit und der Warenökonomie zu protestieren. Er hat immerhin den Finger, einen philosophischen Finger – wie wäre er sonst zu bezeichnen? – auf eine Dimension gelegt, die dabei war, vollständig zu verkümmern. Ich würde sagen, dass es sich dabei nicht einfach um den Tod Gottes handelt, sondern um den Tod dieses Genießens eines absoluten Wertes. Es mag sein, dass es zwischen Gott und dem Genießen auch noch eine Verbindung gibt, aber lassen wir das. Insofern also würde ich sagen, dass er ein Philosoph ist, jedenfalls jemand, der viel Gutes für die Philosophie getan hat.

BADIOU: Damit wäre ich einverstanden. Er hat sie auf eine Art genutzt, die nützlich war für die Philosophie. Ich möchte nur dieses eine ergänzen: In den Pariser Manuskripten findet sich auch etwas für mich Entscheidendes, nämlich die Idee, dass das Charakteristikum der Menschheit, das sich in der historischen Zeit (und das ist diejenige von Marx, aber in gewisser Weise auch die von uns) herausstellt, das ist, was er das Gattungswesen, die generische Menschheit, nennt. Und die generische Menschheit ist tatsächlich eine wirklich vollkommen philosophische Kategorie. Das ganze Problem besteht darin, in den existierenden Gesellschaften die Spur, die erkennbare Figur dieser generischen

Menschheit ausfindig zu machen. Diese ist mit der Idee verbunden, dass die menschliche Tätigkeit selbst generisch und nicht spezialisiert sein muss. Die Kritik der technischen Arbeitsteilung, an die du anhand der Idee, dass jedes Individuum ein polymorpher Arbeiter werden soll, erinnert hast, und auch die extrem wichtige Idee vom Ende des Gegensatzes zwischen Kopfarbeiter und Handarbeiter: Es existiert eine ganze marxistische Anthropologie, die die Zukunft des Wertes des Menschen als solchen betrifft, ein Wert, der davon abhängig ist, was man als die generische Dimension der Menschheit definieren könnte. Ich bin vollkommen einverstanden mit dir: All das ist im Werk von Marx in skizzenhaftem Zustand geblieben. Und dass es Skizze geblieben ist, hat eine Art Unbeholfenheit im Umgang mit der kritischen Unterscheidung von wissenschaftlichem und utopischem Kommunismus zur Folge. Beachten Sie, wertes Publikum, dass es just das Verhältnis zu Marx ist, in dem Jean-Luc und ich zur Übereinstimmung kommen. Das ist doch ein Symptom!

NANCY: In dem, was du gesagt hast, findet sich noch ein anderer Punkt: Die Philosophie ist keine Interpretation der Welt, d'accord, aber ich würde sie anders definieren als du. Wenn man sagt »die Philosophie ist keine Interpretation der Welt«, befindet man sich dann nicht sehr nah an dem, was Heidegger als *Weltbild** bezeichnet hat? Ich frage mich, ob es da nicht doch eine Nähe zu dir gibt, mit der natürlich enormen Differenz, dass für Heidegger die Zeit der Weltbilder auch das schließt, was er die Philosophie nennen kann, deren Ende er erklärt, um von einem Denken zu sprechen, das noch im Kommen wäre. Für dich bedeutet der Satz »die Philosophie ist keine Interpretation der Welt« dagegen, die ganze Philosophie wieder aufzunehmen und ihr angesichts der Frage »Gibt es einen universellen Wert?« ihren Namen und ihren Charakter in Form einer, wie du es genannt hast, persistenten, gründlichen und aufmerksamen Position zu bewahren. Aber ich würde dich dazu gerne noch etwas anderes fragen: Warum hat die Philosophie begonnen?

BADIOU: Nun, ich weiß sehr gut, warum sie begonnen hat. Die Philosophie hat begonnen, weil die Mathematik begonnen hatte.

NANCY: Und warum hat die Mathematik begonnen?

BADIOU: Das wiederum kann ich dir nicht sagen. Wenn ich dir sagen könnte, warum die Mathematik begonnen hat, dann würde das bedeuten, dass ich mich selbst in der Position einer Erschöpfung der ereignishaften Figuren befände, durch welche die Menschheit zu ihrer generischen Figur gelangt, also zur Absolutheit ihrer selbst. Der Beginn der Mathematik ist ein Ereignis von geschichtlicher Dimension. Aus diesem Grund scheitern alle Erklärungsversuche, die dieses Ereignis betreffen, wie es bei jedem wahrhaften Ereignis der Fall ist. Warum? Aus dem Grund, dass ein Ereignis gerade das ist, was sich in der immanenten Ausnahme zu den Gesetzen einer Situation befindet. Man kann alle möglichen anthropologischen Erklärungen und Schätzungen heranziehen, die man möchte, diese sind mir alle geläufig: Es gibt ägyptische Voraussetzungen, babylonische Voraussetzungen, die Mathematik konnte nur im anthropologischen oder politischen Kontext Griechenlands entstehen usw. Schlussendlich erlaubt das, die Sache selbst besser einzugrenzen, aber niemand kann sagen, *warum* – im radikalen Sinn von »warum« – die Mathematik in diesem Moment und an diesem Ort aufgetaucht ist.

NANCY: Einverstanden, aber ich würde nicht sagen ein »radikales Warum«, mehr ein normales Warum. Denn es ist genau, wie du es gerade gesagt hast, es gibt die Ägypter, die Babylonier, all das, und an einem bestimmten Punkt gibt es wirkliche Mathematik. Darüber besteht Einigkeit. Die Frage ist eher: Warum ein solcher Wandel, der ein enormer Wandel ist, und bei dem es nicht ausreicht, wenn man sagt, »das ist der anthropologische Kontext Griechenlands«. Denn Griechenland selbst, das ist die Geburt der Mathematik, der Philosophie, der Politik. Aber diese Geburt findet statt, weil eine Welt sich geändert hat.

BADIOU: Natürlich. Aber wie man nicht dazwischen unterscheiden kann, dass eine Welt sich geändert hat und der Natur dieser Veränderung der Welt, so fällt man zurück auf das Ereignishafte. Warum hat sich die Welt deiner Meinung nach in diesem Moment geändert?

NANCY: Weil die Götter ausgezogen sind. Du sprichst von Ägypten, du sprichst von Babylon. Du kannst von all dem sprechen, von allem, was vorangegangen ist. Du sprichst von der noch immer theokratischen Einheit, und es gab verschiedene Formen davon. Das verweist auch auf Fernand Braudels Bemerkung, dass vor dem 9. Jahrhundert vor unserer Zeitrechnung für den Historiker die Nacht liegt. Diese Nacht löst sich nun ein wenig auf, man weiß ein wenig mehr von der enormen, wirbelhaften Bewegung, die den Mittelmeerraum am Ende der Bronzezeit und zu Beginn der Eisenzeit erschüttert hat. Nun bin ich mir sehr bewusst, dass – entsprechend der Annahme Hegels, nach der vorher die Mythen, die Naivität etc. existieren und schließlich die Vernunft erscheint – wir noch immer von dieser Art wunderbarer Geburt der Vernunft abhängen, die für dich das Mathem ist, das Mathem, das in seiner ganzen griechischen Pracht erscheint. Und du nimmst das Griechische als bereits gegeben an, als zur gleichen Zeit gegeben. Mich treibt aber immer noch um, dass es erstens eine gewisse Zahl von Bedingungen gibt: die Techniken, das Machen, die Navigation, der Kalkül. Weil der babylonische Kalkül sicherlich nicht in dem Sinn mathematisch sein kann, wie wir die Mathematik verstehen. Aber der babylonische Kalkül ist bereits ein wichtiges Element, wie übrigens auch der ägyptische Kalkül, die Vermessung und auch die alphabetische Schrift – all das sind bereits wichtige Elemente in der kompletten Veränderung der Zivilisation. Um es in einem Satz zusammenzufassen: Plötzlich gibt es an diesem Ort der Welt, im eher orientalischen Mittelmeerraum, eine Menschheit, die im Begriff ist, die generische Menschheit zu wandeln. Es entsteht eine Menschheit, der das nicht mehr gegeben ist. Ich benenne nicht einmal das, was nicht mehr gegeben ist – der Sinn, die Wahrheit, wie du willst – es ist nicht mehr gegeben. Also entsteht die Mathematik, die Politik, die Philosophie.

BADIOU: Und die Tragödie.

NANCY: All das sind Versuche, sich dort etwas zu geben oder etwas zu erlangen, wo es nicht gegeben ist. Bist du damit einverstanden?

BADIOU: Vollkommen.

NANCY: Aber das ist dann doch keine wundersame Geburt!

BADIOU: Ich habe nicht gesagt, dass es ein Wunder ist. Aber du hast auch keine wirkliche Erklärung gegeben!

NANCY: Nein, ich behaupte doch nicht, dass ich eine Erklärung gebe. Ich verlange einfach, dass die Philosophie ein wenig zurückblicken sollte. Denn ich finde, dass man mit dem Ziel einer Erklärung dennoch nicht aufhören darf, darüber nachzudenken, dass an einem bestimmten Moment die Welt des Gegebenen Vergangenheit ist und von diesem Moment an, von diesem Ereignis an, das an sich selbst ein multiples Ereignis ist, etwas entsteht, das wir heute als Zivilisation bezeichnen.

BADIOU: Ich bin einverstanden, absolut. Ich habe selbst stets darauf bestanden, dass die Mathematik immer nur die radikalste und konzentrierteste Form eines viel allgemeineren Phänomens ist, und zwar des folgenden: die Frage des

Wahr-Sprechens ist nicht mehr einer vorgegebenen Äußerungsposition zuzuschreiben. Was wir mit den Klassikern als »Griechenland« bezeichnen, das ist der Moment, an dem man aufhört zu denken, dass der Wert einer Aussage organisch an denjenigen gebunden ist, der sie äußert. Mit »Griechenland« betritt man eine Epoche, in der man die Universalität der Wahrheit einer Aussage der Diskussion all jener unterwerfen muss, die den Sinn dieser Aussage verstehen. Die Mathematik ist einfach die Codierung dieses Phänomens, dieser, wie du sagst, beträchtlichen Umwälzung auf der meiner Ansicht nach ontologischen Ebene der totalen Abstraktion: Man verlässt die Welt, in der die Legitimation, der Wert des Gesagten auf denjenigen verweist, der sie sagt. Und in der »derjenige, der sie sagt«, schließlich auf einen Interpreten der Götter verweist, auf einen Propheten, auf einen König, auf eine konstituierte Autorität. Mit »Griechenland« erscheint so etwas wie eine Nacktheit des Wahren. Von nun an muss man argumentieren. Wenn man eine These unterstützt, wenn man eine Meinung verteidigt, muss man argumentieren, gleichermaßen wenn man eine These zurückweist, eine Meinung bekämpft. Auch die Politik selbst wird sich in diesem Feld einrichten, denn man wird für die Vorschläge argumentieren müssen, die man der demokratischen Versammlung der Bürger macht. Ich bin einverstanden, was die Natur dieser allgemeinen Veränderung anbelangt. Und wenn du sagst, »auf einen Schlag ist etwas nicht mehr gegeben«, dann bin ich vollkommen einverstanden mit deiner Formel. Die Mathematik ist einfach die geschriebene, abstrakte, radikale Erprobung dieses Punktes: Ein Beweis ist ein Beweis, und wenn jemand vorgibt, etwas bewiesen zu haben, nun gut, dann muss er seinen Beweis aufzeichnen und seine Kollegen müssen ihn diskutieren. Man wird dann sehen, ob es wahr ist oder nicht. Das ist »Griechenland«. Darin sind wir uns einig. Aber du hast es nicht erklärt, du hast nicht gesagt, woher es kam, warum dort und nicht woanders und warum ungefähr im 5. Jahrhundert v. Chr. Du hast einfach gesagt, dass es so war.

NANCY: Ja, einverstanden, trotzdem ist es schon einmal gut, wenn wir uns darauf einigen zu sagen, »das ist es«, weil wir dann ein wenig vorankommen. Aber es scheint mir, dass zur gleichen Zeit das ganze Unternehmen, sich das zu geben, was nicht mehr gegeben ist, also das Unternehmen des Wahr-Sprechens, ich würde sagen: das Unternehmen der Verifikation, zur gleichen Zeit von einem dumpfen Gefühl begleitet wird, von dem ich nicht weiß, wie ich es nennen soll, aber das vielleicht auch aus der Erfahrung eines Verlusts, eines Mangels von etwas herrührt. Und das bis in unsere Zeit reicht – dass es nicht gegeben ist, das wirkt in uns. Aber mir scheint, dass du, indem du auf die Möglichkeit des Unmöglichen hinweist, und nicht bloß auf die Möglichkeit – was ja im Grunde die Achse deines Denkens ausmacht –, den Mangel des Anfangs entschädigst, wie Mallarmé sagt. Und sei es, dass dieser Punkt des Anfangs – der er wirklich ist und der für uns absolut, für immer zurückgestellt ist – in einer Subtraktion läge, in der Subtraktion des Gegebenen, das heißt, dass Gott oder die Götter wirklich tot sind – denn es war nicht Nietzsche, nicht Jean Paul, nicht Luther, der das erfunden hat, es waren die Griechen, die schon gesagt haben: »Die Götter sind ausgezogen.« Und auch Platon spricht von *theos* im Singular, zumindest im *Theaitetos* – »man muss zum *theos* fliehen« (sodass die jesuitischen Übersetzer »Gott« mit einer Majuskel und die säkularen Übersetzer »Gott« mit einer Minuskel übersetzt haben, und nun, neuerdings, sagt man »das Göttliche«). Damit meine ich, dass mit dem anonymen oder metaphorischen *theos* die Götter bereits verschwunden sind.

BADIOU: Ich denke, dass die Götter seit den Griechen, begleitet von beträchtlichen Unannehmlichkeiten, nicht aufgehört haben zu sterben. Und hie und da wieder aufzuerstehen.

NANCY: Aber wenn sie wirklich wiederauferstehen, dann gibt es auch viele falsche Wiederauferstehungen. Und bedeutet das nicht auch, dass die Aufgabe der Philosophie nicht einfach darin bestehen kann, einen Punkt wiederzufinden oder zu erreichen, an dem »es« erneut gegeben wäre? »Es«: die Wahrheit: Weil wir sie (letztlich erneut) vollständig, als gegebene, wissen könnten? Oder auch weil es, das Wahre, einmal erneut begänne, gegeben zu sein?

BADIOU: Ich denke, dass die Aufgabe der Philosophie darin besteht, rationale und teilbare Konzepte zu finden, sodass der Tod der Götter die Menschheit nicht wie eine Trauer vergiftet.

NANCY: Weil der Schatten Buddhas tausend Jahre vor seiner Höhle bleibt, wie Nietzsche sagt.

BADIOU: Genau. Aber es geht nicht darum, daran zu arbeiten, den Verlust aufzufangen. Es geht darum, die gesamte Menschheit daran zu gewöhnen, dass ihre eigene schöpferische Konstitution im Element dieses Verlustes liegt. Was nicht das Gleiche ist. Die Philosophie ist, für mein Empfinden, die Organisation einer Trauer, die das Vergessen wirklich vorbereitet, indem sie sich in dem Verlust wie im natürlichen Element ihrer eigenen Existenz einrichtet. Das wirklich schöpferische Element ist jenes, in welchem eine geteilte, teilbare Universalität möglich ist, gerade weil die Götter alle tot sind. Wagner hat das am Ende der *Götterdämmerung* gut gesehen: Das totale Scheitern auf beiden Seiten des Konflikts zwischen den »hellen« Göttern (Wotan) und den »dunklen« Göttern (Alberich) hinterlässt der Menschheit die Aufgabe, einen universellen Frieden zu errichten.

VÖLKER: Nehmen wir einen anderen Namen hinzu, eine andere Tradition, die sich aber auch dem Marx'schen Erbe widmet, um es in eine philosophische Kritik umzuwandeln, sprechen wir von Adorno. Es gab immer eine große Irritation darüber, dass eine Auseinandersetzung zwischen der sogenannten poststrukturalistischen französischen Philosophie und der Philosophie der Kritischen Theorie nie richtig stattgefunden hat. Die Abwesenheit dieser Diskussion scheint sich fortzusetzen. In der Zeit eines Kapitalismus, der sich schneller und aggressiver entwickelt, kommen die Fragen Adornos wieder, ebenso wie die wichtige Frage nach der Möglichkeit einer Kritik der kapitalistischen Realität in ihrer ganzen Komplexität. Daher die Frage: Was fangen wir mit der kritischen Theorie der Gesellschaft an, was mit der Negativen Dialektik? Ich weiß wohl, dass die Fragen sehr weit gefasst sind: Aber würdet ihr mir zustimmen, dass der problematische Knoten von Negativität, Kritik und der Verbindung von Philosophie und Gesellschaft ein drängendes Problem ist? Eine Frage, die nach dem Niedergang des Kommunismus, wie wir ihn kannten, erneut aufzunehmen ist?

BADIOU: Ich würde für meinen Teil behaupten, dass im Gegensatz zu dem, was Adorno dachte, die negative Dialektik zu verurteilen ist, um die kommunistische Hypothese wieder aufzunehmen. Unter Stalin dominierte die Idee, dass man zur Lösung eines Problems die Feinde und Saboteure suchen – wenn nötig auch erschaffen – müsse, die uns daran hindern, es zu lösen. Anders gesagt, das Wesentliche der Aufgabe ist der gewalttätigsten Negation anvertraut. Die momentane Notwendigkeit besteht darin, neue Formen der affirmativen Dialektik zu erfinden. Anders gesagt: Die Affirmation war auf das imaginäre Register beschränkt worden, jenes Register, das vage Bilder einer wunderbaren Zukunft erfindet. Aber das reale Register bestand in der Obsession mit dem Feind und der konstanten Notwendigkeit seiner Zerstörung. Wir müssen nun die Affirmation als Kern der Dialektik affirmieren, als ihre reale Voraussetzung, von dem aus allein sich eine zugleich maßvolle, kontrollierte und schöpferische Negation entfalten kann.

NANCY: Ich glaube, dass Adorno in Frankreich aus einem doppelten Grund tatsächlich ziemlich verkannt wurde: Zunächst wurde sein Denken von der Fülle französischer Philosophie seit dem Beginn der Sechzigerjahre überdeckt, in einem Land, in dem wenig Deutsch gesprochen wird und die Übersetzungen langsam geschehen, vor allem, wenn es sich um eine so schwierige Sprache wie die Adornos handelt. Die Schwierigkeit seiner Sprache ist selbst in Deutschland aufgefallen und diskutiert worden, für und durch die Übersetzungen kann sie nur zunehmen. Und es bleibt meiner Meinung eine grundsätzliche Frage in Bezug auf das, was sicherlich kein »Jargon« ist, aber doch ein gewisser Modus der Hermetik, der im Vergleich zu den Hermetiken Heideggers oder zu dem, was man die Nichtlesbarkeiten (*dyslisibilités*) Derridas oder Deleuzes nennen könnte, nicht einfach ignoriert werden kann. Jedenfalls ergibt sich ohne Zweifel die allgemeine Frage nach der gegenwärtigen Sprache der Philosophie. Badiou stellt für seinen Teil einen besonderen Fall dar, weil die Hermetik bei ihm in der Mathematik und in der Psychoanalyse untergebracht ist, was im ersten Zugang das Philosophische entlastet, aber nicht verhindert, dass dieses auf die Ressourcen des Mathematisch-Psychoanalytischen zurückverweist.

Schließlich gibt es natürlich einen tieferen Grund. Er führt uns auf den Beginn des Gesprächs zurück: Deutschland hat seine Philosophen nach 1933 verloren. Entweder waren sie emigriert oder sie haben geschwiegen, wenn sie nicht dem Regime gefolgt sind; ein Einziger ist »Archifaschist« geworden, aber dieser hatte die entscheidende »Seinsfrage« wieder aufgebracht. Die nach Amerika exilierte Kritische Theorie behielt eine marxistisch-kritische Kontinuität bei. In Frankreich hat diese Richtung nicht von den gleichen Kräften profitiert. Man kann mit Daniel Bensaïd von einer dauerhaften Trennung sprechen: zwischen der Radikalität einer sozialen, von der Arbeiterschaft geprägten Bewegung (deren Erbe vom revolutionären Syndikalismus bis zur kommunistischen Partei der Dreißigerjahre reicht) und den universitären Intellektuellen, die stark von der positivistischen Tradition geprägt waren, hartnäckig in ihrem Widerstand gegenüber der deutschen Philosophie und gegenüber der Dialektik. Die Republik einerseits und die randständigen Marxismen wie die von Georges Bataille, Henri Lefebvre etc. andererseits haben vor allem das Aufkommen eines komplexen Ensembles begünstigt, das die Kritik auf eine andere Ebene brachte, zu großen Teilen abhängig von der Heidegger'schen Dekonstruktion. Das ist nebenbei ein sehr bemerkenswertes Beispiel dafür, dass die Philosophen nicht wie die Pilze aus der Erde sprießen! Und man müsste hier den gesamten Weg Althussers sowie das allgemeine Klima der Sechzigerjahre von Althusser bis zu Badiou nachzeichnen und dabei noch viele andere hinzunehmen.

Dennoch ist es zugleich ein Paradox, zumindest was Adorno selbst betrifft. Denn in den Sechzigerjahren, – in denen er auch seine *Negative Dialektik* verfasst – ist er zum einen von Heidegger, zum anderen auch von den als »französisch« und zum Teil als »heideggerianisch« bekannten Tendenzen viel weniger entfernt, als man gewöhnlich denkt. Ich glaube insbesondere, dass das, was Deutschland und Frankreich damals trennte, vor allem in einem gewissen Bezug zur Wissenschaft und zur Epistemologie eine Rolle spielte. Bachelard, Cavaillès, Canguilhem – um nur die großen Namen zu nennen – repräsentierten in Frankreich eine nicht-metaphysische Emanzipation, auf die es in Deutschland keine bedeutende Antwort gab. Eine gewisse Idee der Wissenschaft zog uns in Frankreich um 1960 herum magnetisch an, während sich die Wissenschaft in Deutschland eher verdächtigt machte, sich den Ideologien anzupassen. Derrida erfand auf eine zugleich spielerische und seriöse Weise eine *Grammatologie*. Das Wort »Epistemologie« regierte – auch wenn es verschieden eingesetzt wurde. Foucault sprach von »Epistemen«, was auch einem Aufbrechen der Geschichte entsprach. Die Marxisten waren in diesem Zusammenhang in großen Schwierigkeiten, was übrigens den »epistemologischen Schnitt« Althussers erklärt.

Aber Adorno war nicht weit. Lyotard zum Beispiel las ihn mit Aufmerksamkeit. Von Miguel Abensour lässt sich wohl kaum sagen, dass er ihn ignoriert hätte. Alexander García Düttmann, der ebenso Franzose wie Deutscher und Katalane ist, stand Derrida sehr nahe und bezieht sich durchgängig auf Adorno. Die *Ästhetische Theorie* bekam zweifellos Vorrang vor der *Negativen Dialektik* – aber beide sind verknüpft. Abseits der Ästhetik wurde Adorno vor allem von jenen berücksichtigt, die mit dem Denken einer von den traditionellen Schemata von Theorie/Praxis losgelösten *Praxis* beschäftigt waren. Das heißt von denen, die einer Formel zustimmen können wie: »Nichts kann als lebendig auch nur erfahren werden, was nicht ein dem Leben Transzendentes zugleich verhieße«, wie es in seiner 18. Vorlesung zur Metaphysik heißt. Ich weiß, dass die Worte »Leben« und »transzendieren« sofort einige »Poststrukturalisten« oder »Postmoderne« zurückweichen lässt – um mich einmal einfacher Etiketten zu bedienen. Deutschland und Frankreich unterscheiden sich zwischen den Sechziger- und den Achtzigerjahren durch ein Vertrauen in die Wörter. Obwohl man auf beiden Seiten vor der unsicheren, manchmal qualvollen Herausforderung durch das Thema der Wörter, ihres Gewichtes, ihrer

Gefahren oder ihrer Mängel stand, haben die Franzosen eine entschiedene Affinität für die lexikalische Vorsicht oder, in der Art von Deleuze oder von Derrida, auch für die Erfindung, die Schöpfung von Stilen des philosophischen Ausdrucks entwickelt. Das ist auch zum Teil ein Erbe Heideggers. Adorno hat auch einen Stil entwickelt, ich habe darauf angespielt: Aber der ist eher syntaktisch als lexikalisch.

Wie dem auch sei, ich schließe mit diesem Wort – transzendieren. Wenn es etwas gibt, das nicht aufhört, das französisch-deutsche oder das deutsch-französische Denken zu befragen, dann ist es das. Alain wird dem nicht zustimmen, und dennoch würde ich sagen, dass sich auch seine Immanenz selbst sehr manifest transzendiert. Ich räume jedoch auch ein, dass es viel besser wäre, auf dieses Paar zu verzichten: aber nicht, ohne nach außen zu springen, in das Andere, das Anderswo und das Unendliche.

VÖLKER: Zum Schluss noch einen delikaten Namen: Heidegger. Du, Alain, hast gesagt, Heidegger war ein Nazi, aber dennoch auch einer der wichtigsten Philosophen des 20. Jahrhunderts. Jean-Luc, würde dir an dieser Stelle vielleicht zustimmen. Aber lässt sich Heideggers Nazismus aus der Philosophie heraushalten? Was tun mit Heidegger? Eine zweite Frage, die sich anschließt: Ist es möglich, eine faschistische

Philosophie zu denken? Kann das Denken nicht nur korrumpiert sein, sondern als Denken fundamental auf die Priorität einer Rasse, eines Volkes gerichtet sein, selbst noch in der Konzeption des Seins und seines Erscheinens? Und als dritte Frage: Findet sich unter dem Namen Heidegger in den deutsch-französischen Beziehungen in der Philosophie eine bestimmte Verschiebung, eine Verschiebung, die nicht aufhört, sich zu verschieben?

BADIOU: Zu Heidegger möchte ich genau drei Sachen sagen. Erstens ist Heidegger derjenige, der die Frage des Seins in den Raum der gegenwärtigen Philosophie zurückgeführt hat. Das war eine vergessene und verlorene Frage, vor allem durch die gemeinsamen Auswirkungen der »Kritik« im Sinne Kants und des dominierenden Positivismus des 19. Jahrhunderts. Ja, das ist eine der verheerenden Missetaten Kants, die du nicht anerkennen willst – er ist dennoch derjenige gewesen, der mit dem Anschein allergrößter Strenge gesagt hat: Halten wir uns nicht mit der theoretischen Frage nach dem Sein als Sein auf, da das theoretische Denken dieses Problem weder klar formulieren noch lösen kann. Aber gut, lassen wir es mit Kant bewenden. Jedenfalls hat der große Heidegger die Seinsfrage zurückgebracht. Ich gestehe natürlich zu, dass er sie sicherlich als eine zugleich komplexe und begrenzte Frage zurückgebracht hat, aber auch als eine Frage, die in ein deutsches Erbe eingeschlossen ist. Das soll heißen: Er hat diese Frage als eine fundamental geschichtliche und nicht nur – bzw. überhaupt nicht – als eine epistemologische oder philosophisch-begriffliche zurückkommen lassen. Für Heidegger wird die Seinsfrage letztlich so etwas wie die geheime Organisation der menschlichen Geschichtlichkeit. Ich muss zugestehen, dass dieser »Heidegger'sche Jargon«, den Adorno brandmarkt, auf mich einen sehr bedeutsamen Einfluss hatte. Ich denke, dass es gut, notwendig und erforderlich war, die Frage nach dem Sein als Sein an die Oberfläche des philosophischen Denkens zurückzubringen. Selbst wenn dann mein Vorschlag in dieser Frage vollkommen von seinem verschieden ist (sehr grob gesprochen die Mathematik gegen die Geschichte), halte ich daran fest, dass das Zurückbringen der Frage an die Oberfläche der elementaren philosophischen Herausforderungen eine Geste war und bleibt, die ich als essenziell betrachte. Der zweite Punkt ist der, dass Heidegger, indem er die Seinsfrage zurückbringt, eine Art von Torsion in das phänomenologische Erbe eingeführt hat. Er hat in einer gewissen Weise die reine Husserl'sche Figur überschritten, die gleichsam in einer Abhängigkeit von der Psychologie geblieben war, wie der Gebrauch, den Sartre von ihr gemacht hat, klar zeigt. Husserl macht die hermeneutische Befragung von der konstituierenden Konfiguration des Subjekts abhängig, aber nicht wie Kant von den transzendentalen Kategorien, sondern von der Intentionalität und der Temporisation her. Heidegger gibt die epistemologische und psychologische Frage des Bewusstseins zugunsten einer Frage auf, die er als Frage des *Daseins* formuliert, die zugleich größer und einschneidender ist, weil sie sich eben mit der Seinsfrage verbindet. Der dritte Punkt ist, dass dieses gesamte mächtige spekulative Material von Heidegger einer identitären Katastrophe ausgesetzt wurde. Ich bin in diesem Punkt mit dir einverstanden, in Bezug auf den deutschen Nationalismus und den groben Antisemitismus von einer Banalität Heideggers zu sprechen. Er war wirklich ein gewöhnlicher deutscher Antisemit. Aber ich kann seine wichtige theoretische Geste – die zeitgenössische, erneute Affirmation der Frage des Seins – nicht hinter der sozialen und politischen Person verschwinden lassen, hinter diesem kleinen Prof aus der antisemitischen Provinz, der einige Jahre glaubte, dass Hitler für Deutschland und also für den Professor Heidegger ein Schicksal vorbereitete, das man nur mit jenem des Griechenlands von Parmenides vergleichen könnte.

NANCY: Es ist extrem kompliziert, aber ich würde vielleicht erstens sagen, dass ich nicht denke, dass es ausreicht zu sagen: »Heidegger, ein großer Moment des Denkens, die Seinsfrage, aber im Übrigen … – und das zeigt einen Fehler oder eine Schwäche«. Nein! Das reicht nicht. Einerseits, ja, das ist wahr, so ist es. Diese Seite kann man mit einem Satz von Bataille aus den posthumen Stücken illustrieren, den ich sehr mag. Bataille sagt: »Letztlich sprechen Heidegger und ich von derselben Sache, aber der Unterschied ist, dass er ein Prof ist«. Das ist weniger aggressiv, als du es gesagt hast, aber es ist trotz allem sehr angriffslustig von ihm. Bloß, wenn Bataille sagt: »Heidegger und ich sprechen von derselben Sache« – wovon will Bataille damit eigentlich sprechen? Ich denke, man kann das mit einem Wort ausdrücken, das sowohl bei Bataille als auch bei dir ein großes Wort ist, ein Wort, das tatsächlich viele von uns heute teilen, nämlich das vom *Unmöglichen*. Und das Unmögliche nicht im Sinne dessen, was nicht möglich ist, sondern im Sinn von: was nicht dem Kalkül der Möglichkeiten entstammt, was das Mögliche übersteigt. Ich würde also sagen, dass das, was Bataille mit seiner Aussage intuitiv formuliert, sehr interessant ist, dass Heidegger nämlich vielleicht der Erste ist, der wirklich das Unmögliche in die Philosophie einführt. Er nennt es nicht so, auch wenn er manchmal nicht weit davon entfernt ist, etwa wenn er sagt, dass das Mögliche zu wollen kein Wollen sei. Und es gibt zugleich das, worauf ich eigentlich hinaus will, das heißt eine Zusammengehörigkeit zwischen der Umwälzung Europas (deren sichtbarstes Symptom der Nazismus war) und einer Veränderung des Verhältnisses zur »Politik«.

Im Grunde stellt der Faschismus eher eine Aufkündigung der Politik dar, oder auch ihre Absorption, die Behauptung, dass »alles politisch ist«. Heidegger war sich dessen vollkommen bewusst, und er hat die Formel »alles ist politisch« kritisiert. Heidegger hat nicht nur eine »grobe Dummheit« begangen, wie er selbst gesagt hat, denn das wäre die Dummheit eines ein wenig beschränkten Geistes. Es ist etwas anderes. Heidegger war ein Widerhall seiner Zeit, seiner gesamten Zeit. Und deshalb hat er die Frage des Seins aufgebracht. Dem muss man hinzufügen, dass Heidegger Nazi war – man kennt ja sein Foto mit dem Abzeichen, er war tatsächlich in der Partei – allerdings ist er sehr schnell ein Hyper-Nazi gewesen. Philippe Lacoue-Labarthe nannte ihn einen Archi-Faschisten. Und Hyper-Nazi, was noch schlimmer wäre. Aber zur gleichen Zeit ist da auch etwas anderes. Ich lasse die Frage des Antisemitismus beiseite, die tatsächlich die Frage der Banalität ist, da bricht es völlig zusammen. Aber wenn man die gleichen *Schwarzen Hefte* liest, in denen es die antisemitischen Sätze gibt, wenn man die *Beiträge** studiert, dann gibt es da – ich weiß nicht wie man das nennen könnte –, eine Art philosophische Hyperbel, die außergewöhnlich ist. Und zu der wir heute, wo wir uns zeitlich von Heidegger entfernt haben, nur sagen können, dass er bereits das angeprangert hat, mit dem wir heute konfrontiert sind. Mit Ausnahme der Technik vielleicht hat er Fragen gestellt, von denen man seit ihm nicht gesprochen hat. Von denen du übrigens nicht sprichst, ich aber auch nicht, weil es sehr schwierig ist, von denen wir Philosophen heute meiner Ansicht nach aber wirklich versuchen müssten zu sprechen. Heidegger hat etwas wahrgenommen: Man reduziert sein Denken immer auf die Technik der Ausbeutung der Natur als eines »Bestandes«, aber so einfach ist es nicht, weil er selbst sagt, dass die Technik auch das letzte Geschick des Seins ist.

Ich will damit überhaupt nicht sagen, dass man den Antisemitismus vergessen kann. Aber man darf auch nicht vergessen, dass er den Text zur Veröffentlichung vorgesehen hatte, und ebenso wenig, dass es in den *Schwarzen Heften** eine Menge Passagen gibt, die unglaublich hysterisch sind, weil man spürt, dass Heidegger sich furchtbar aufregt, weil er wirklich das Gefühl hat, dass die Welt im Begriff ist zusammenzubrechen – aber er war nicht der Einzige, der in dieser Epoche dieses Gefühl hatte.

Nun, zweitens, das Sein. Was mir das Wichtigste in der Seinsfrage Heideggers zu sein scheint ist, dass er verlangt – wovon er nur wenig schreibt, weil es nicht sehr handhabbar ist –, das Sein nicht länger als Substantiv, sondern nur als Verb zu gelten habe. Dass dieses Verb selbst wie ein transitives Verb verstanden werde – und das, muss ich sagen, ist etwas, was ich nicht so schnell zu den Akten legen kann. Wie kann man sagen »ist, es ist das ist, das ist« – »das ist nicht, aber das lässt existieren«? Es gibt eine Stelle in *Was ist das – die Philosophie?**, an der er sagt, dass man vielleicht eine Äquivalenz zu *Lesen** im Sinne von Aufsammeln und natürlich im Sinne von Lesen versuchen könnte. *Sein = sammeln, lesen.* Er sagt auch, das findet sich im *Spruch des Anaximander* und danach im letzten erschienenen Band der *Schwarzen Hefte*, das Sein *braucht* das Seiende. *Brauchen**, das heißt Nutzen und etwas Bedürfen. Und im *Spruch des Anaximander* kommentiert er ein *Brauchen**, dass er selbst als Übersetzung des griechischen Wortes *chreôn* im Fragment Anaximanders einsetzt, und er benutzt das *frui*, das *fruor*, das er bei Augustinus als Äquivalent zu *Brauchen** verwendet. Das ergibt dann: »Das Sein genießt das Seiende.« Erneut das Genießen. Etwas genießen – ist das tatsächlich transitiv? Nehmen wir es an, nehmen wir es als Transitivität: »Das Sein genießt das Seiende«. Ich weiß nicht, was ich dazu sagen soll. Aber es gibt hier etwas – hier entferne ich mich natürlich mehr und mehr von dir, ich weiß –, von dem mir eine große Inspirationskraft auszugehen scheint. Und diese für mich stärkste und gerechteste Inspiration ist auch jene, die vielleicht auf die politische und mehr als politische Verwirrung trifft, die Heidegger im Versuch, Folgendes zu begreifen, erfasst hat: dass die Totalität des Seienden, dass alles das, was ist – und das ist noch immer das, was uns interessiert, uns andere Philosophen – dass die Totalität des Seienden selbst gelähmt [*transi*] ist, wenn du so willst, nicht von einem Subjekt, nicht von einem substantivierten Sein, sondern gelähmt [*transi*], genossen. Da gibt es etwas, das zumindest einen philosophischen Appell enthält, den ich nicht ignorieren kann. Natürlich verstehe ich es nicht. Ich verstehe nicht einmal, warum Heidegger selbst beständig in den Gebrauch des Substantivs »Sein« zurückfällt, in der Schreibweise von *Seyn** mit einem »y«. Manchmal taucht das Kreuz, um es auszustreichen, auch im vierten Band der *Schwarzen Hefte** auf. Aber es gibt bei ihm merkwürdige interne Widersprüche zwischen dem Das-Sein-ist-nicht, dem durchgestrichenen Sein, dem Seyn mit einem »y« geschrieben, welches uns etwas vom Inneren jedes Begriffs, jeder Substantivierung des Seins hören lassen soll, das aber selbst noch als Subjekt der Aussage funktioniert – und *sein* strikt als transitives Verb verstanden.

BADIOU: Die außerordentliche Schwierigkeit der Ontologie besteht darin, dass man die kühle Überzeugung haben muss, zur Erlangung eines effektiven Denkens des Seins sei es erforderlich anzuerkennen, dass das Sein gegenüber dem, was uns geschieht, vollkommen indifferent ist. Als man an das Sein unter dem Namen der Götter dachte, interessierten sich diese auf wesentliche Weise für das, was uns geschah. Denken Sie an den christlichen Gott! Er geht so weit, am Kreuz zu sterben, um uns zu retten. Das Sein im Sinne Heideggers steht auch im Zentrum des Schicksals der Menschheit, die einen seiner Abschnitte darstellt. Man erkennt also, dass die Behauptung eines Seins, das vollkommen indifferent ist in Bezug auf das, was dem federlosen Zweifüßer geschieht, eines Seins als Form-Vielheit all dessen, was existiert und geschieht, ohne Privileg für was auch immer, eine Unterbrechung ist, die noch kommen wird. Das hat nichts Schicksalhaftes, das ist in keiner Weise mit der Singularität der denkenden Menschheit verbunden, sondern das ist im Gegenteil das tiefer liegende Register unseres Seins als solchem, so wie es sich, im Zustand absoluter Indifferenz in Bezug auf das, was das Schicksal der Menschheit konstituiert, darstellt. Um diese Figur der Indifferenz zu akzeptieren, muss man denken und affirmieren, dass es keine Geschichte des Seins gibt. Es entfaltet sich selbst als indifferente Vielheit von Vielheiten. Die Grenze der Heidegger'schen Rückkehr zur Seinsfrage besteht darin, dass er untergründig an einer phänomenologischen Sichtweise festhält, das heißt an einer Sichtweise, die darauf beruht, daran festzuhalten, dass es einen *Sinn* des Seins gibt. Dabei hat das Sein als solches streng genommen keinen Sinn. Es hat eine Wahrheit, der wir uns in der Mathematik annähern, aber keinen Sinn. Ich nehme die durchaus wichtige Geste Heideggers als eine Art des teleologischen Festhaltens wahr, das ermöglichen soll, uns mit dem Schicksal des Seins in Figuren wie der des Vergessens, des Vergessens des Vergessens, oder der einer primordialen Kehre auseinanderzusetzen. Aber all das ist meiner Meinung nach eine neoreligiöse Fabel, weil unser Schicksal in Wahrheit uns gehört, den menschlichen Tieren eines Planeten mittleren Durchmessers, der sich um einen Stern von gewöhnlicher Größe dreht, in einer sehr beliebigen Galaxie situiert. Das Sein hat damit nichts Besonderes zu schaffen. Und das Denken des Seins als Sein entspricht beispielsweise in Form der modernen Mengenlehre genau dem Gipfel des Denkens, das davon abgetrennt ist, was uns widerfährt. Dabei handelt sich um die letztlich zugleich rationale und unmotivierte Erforschung dessen, was die möglichen Formen einer beliebigen Vielheit bildet. Allerdings hat mir erst die Heidegger'sche Frage den Raum eröffnet, durch den ich zu dieser mathematischen Vision der Indifferenz des Seins gelangt bin.

NANCY: Ja, aber je länger du sprichst, desto mehr habe ich das Gefühl, dass du Heidegger fast leicht berührst. Wenn Heidegger sagt, dass das Sein das Seiende genießt, sagt das nicht gerade etwas über die Indifferenz, von der du sprichst? Denn das heißt doch: Weil das Sein kein Subjekt ist und es auch nicht herstellt, deshalb ist das Sein das Genießen – bleiben wir einen Moment bei diesem Wort –, das Genießen der Vielheit in ihrer …

BADIOU: Aber was hat das Genießen in dieser Sache zu suchen? Eine Differentialgleichung genießt nichts wirklich.

NANCY: Ja, aber das ist schade für sie.

BADIOU: Absolut, das ist schade für sie, und schade für uns, und schade für dein Genießen vor allem.

NANCY: Nein, überhaupt nicht, denn man kann die Differentialgleichung genießen.

BADIOU: Vorsicht! Wir können die Differentialgleichung genießen! Aber die Differentialgleichung genießt nicht. Wir sind es, die manchmal die Indifferenz des Seins genießen, das ist immer möglich. Wir haben alle Perversionen erfunden.

NANCY: Wenn du so willst, dann ist das Genießen im Grunde ein hyperbolisches Wort, das gefährlich ist und das an die Stelle des Sinns tritt. Heidegger, die Seinsfrage, das ist die Frage des Sinns von Sein.

BADIOU: Für Heidegger ja, aber genau dort verirrt er sich. Die Seinsfrage bedeutet ganz im Gegenteil, endlich den Mut zu finden, sich in rationaler Weise mit dem auseinanderzusetzen, was keinen Sinn hat. Weil davor in der Nachfolge Heideggers das, was keinen Sinn hatte, nahezu unzumutbar schien. Das war das Absurde, es war die schreckliche existenzielle Operation, sich mit dem Nicht-Sinn auseinanderzusetzen, das war der Ekel Sartres. Das war die Seinsfrage als Frage des Sinns. Aber die Wahrheit ist, dass das Sein keinen Sinn hat, das ist alles. Es ist, was es ist, insofern wir rational und unmotiviert eine Mathematik der beliebigen Vielheiten entfalten können. Es gibt weder ein Genießen noch Sinn, noch etwas dem Ähnliches. Es gibt geschickt codierte Schreibweisen, das ist alles.

NANCY: Aber dabei vergisst du Derrida, der die Seinsfrage als Frage der Differenz zwischen Sein und Seiendem aufnehmen konnte, indem er diese Differenz mit einem »a« benannte, also die *différance* des Seins oder das von sich differierende [*différant*] Sein. Man hat über dieses Wort geschrieben und gespottet, man war starrköpfig und wollte es als eine Methode verstehen, das, was kommen sollte, immer zu verschieben. Man hat Derrida so verstanden, als würde er sagen »morgen geht alles« und »morgen denken wir einfach so« oder »morgen genießen wir einfach so«. Ich glaube allerdings, dass Derrida mit der *différance* mit »a« – das ist auch etwas, das geschrieben wird – nur versucht hat, etwas wieder zurückzuholen, sagen wir, in das Innere von Adornos Satz »kein Sein ohne Seiendes«. Sicherlich, kein Sein ohne Seiendes, allerdings ist das ein Satz, der Heidegger auch sehr treu bleibt – aber über die Zeiten hinweg, über die Vielheiten hinweg. Was geschieht da? Es geschehen Dinge. Es geschieht die Vielheit, in ihrer Kontingenz. Es geschehen Ereignisse, du bist der Erste, der darauf insistiert. Man kann sagen, dass das Sein Heideggers anders wieder aufgenommen oder neu verstanden wird, seine *différance* mit dem Seienden ist in der *différance* mit »a« bei Derrida zugleich, so würde ich sagen, annulliert, deplatziert und verschoben. Und wenn du schreibst, dass du Inexistenz als »*inexistance*« mit einem »a« schreiben wirst, dann heißt das doch, dass du Derrida zubilligst, dass ein Gerundium anstelle eines Substantivs etwas ausmacht. Und das ist etwas, das allerdings sehr wichtig ist. Ein Gerundium ist etwas, das im Begriff ist zu geschehen – etwas, was das Englische in bemerkenswerter Weise besitzt, sodass im Englischen die Gerundien sogar oft selbst zu Substantiven werden. Das ist das »Im-Begriff-zu«. Die Indifferenz, von der du sprichst, bis hin zur Indifferenz der Differentialgleichung, diese Indifferenz ist das Reale. Es ist real im Begriff zu geschehen. Dieses Reale, das Lacan unmöglich nennt, woran du von Zeit zu Zeit erinnerst, ist unmöglich im Sinn dessen, was nicht aus dem Kalkül des Möglichen entspringt. Für mich läuft es darauf hinaus, durch die Operation Derridas und der *différance* das zu denken – nicht in der Art wie du es tust, nicht als Indifferenz, die an jene der Götter bei Epikur erinnert –, was ich »Sinn« nenne. Epikur sagt so etwas wie, »die Götter sind weitab, sie scheren sich nicht darum, was uns geschieht«. Nein, es ist nicht so, dass sich das Sein nicht darum schert, was uns geschieht, weil es nicht ein Jemand ist und sich weder zu scheren noch zu kümmern braucht. Diese Indifferenz also, diese Indifferenz im Sinne eines Sinns – weil es vielleicht ein einfacher Streit um Worte ist, da du »Sinn« wie »Sinn, der auf eine finale Bedeutung hinausläuft« verstehst – ist auch da, wo sich etwas zuträgt. Ich habe kein anderes Wort, ich verstehe unter »Sinn« die einfache Tatsache, dass sich etwas zuträgt. Dass es von einem auf einen anderen Punkt verweist. Und das, das ziehe ich auch aus Heidegger. Wenn Heidegger sagt, dass die Welt eine Totalität der *Bedeutsamkeit** ist, dann handelt es sich um eine Fähigkeit, ein Vermögen zu *bedeuten**, aber nicht um die gegebene *Bedeutung**. Die Welt ist eine Totalität der *Bedeutsamkeit**, das heißt einfach, dass sie eine Totalität ist, die man nicht in einem totalitären Sinn verstehen darf, sondern als eine Gesamtheit all dessen, was geschieht, was geschehen kann und was nicht aufhört, auf sich selbst als das Unmögliche zurückzuweisen, das gerade aus keinem der Kalküle des Möglichen entspringt. Ich nenne das einen Sinn, aber ich erhebe keinen Anspruch auf das Wort. Dennoch finde ich, dass es gleichwohl einen Unterschied macht, von Sinn anstatt von Indifferenz zu sprechen.

BADIOU: Für mich ist das sogar ein beachtlicher Unterschied. Zwischen Indifferenz und Sinn sehe ich einen wahren Abgrund. Aber ich frage mich, ob wir nicht vor diesem Abgrund innehalten sollten, weil ich merke, wie uns die Erschöpfung überkommt!

VÖLKER: Vielleicht eine allerletzte Frage, in Bezug auf den Abgrund zwischen Sinn und Sein: Erhält dieser Unterschied in der Gegenwart eine spezifische Konfiguration oder ist er vielmehr einer, der von der Frage nach der Gegenwart nicht berührt wird? Welche Rolle spielt die Figur der Gegenwart für eine Philosophie, die sich auf der Frage nach dem Sein gründet? Und, um noch einmal eine Heidegger'sche Problematik aufzunehmen, ohne diese Frage noch einmal zu öffnen: Ist es möglich zu denken, zu fragen, ob es eine Aufgabe für die gegenwärtige Philosophie gibt, die in spezifischer Weise an die deutsch-französische Tradition der Philosophie anknüpft?

BADIOU: Was ich sagen kann ist, dass die Arbeit des Denkens in Bezug auf den Abstand zwischen Sein, Sinn, Indifferenz oder auch zwischen begrifflicher Rationalität und geschichtlicher Intuition, in Bezug auf das, was das menschliche Verständnis des Seins als Sein anbetrifft, typisch ist für eine Art distanziertes Einverständnis, für einen brüderlichen Widerspruch zwischen dem deutschen und dem französischen Denken. Wir sind hier Zeugen davon: Nach der französischen Schwärmerei für das deutsche Denken, symbolisiert von Derrida oder Sartre, nach der Distanz, die den französischen Strukturalismus von der deutschen Hermeneutik trennt, kommt sicherlich eine neue Figur dieser Arbeit des Denkens, von der ich bereits gesprochen habe. Eine Figur, von der ich glaube, dass sie sich um folgendes

Problem drehen wird: Wie lässt sich, auf der Basis einer Ontologie, die die Indifferenz des Seins akzeptiert, eine affirmative Dialektik rekonstituieren? Ja, ich glaube, dieses Problem ist uns gemeinsam.

NANCY: Ich antworte sehr nachdrücklich mit »Ja«. Denn ich denke, dass der Abstand zwischen Sein und Sinn oder Indifferenz und Sinn zunächst einen Abstand zwischen Sein und Sein oder einen Abstand im Sein manifestiert. Dieser Abstand, den ich bei Heidegger mit dem Vorschlag erkunde, das (transitive) Verb gegen das Substantiv spielen zu lassen, bei Derrida mit dem »a« der *différance*, bei Adorno mit dem »kein Sein ohne Seiendes«, bei Badiou im »Beliebigen« der Vielheit, dieser Abstand ist selbst das Resultat des Gegenwärtigen. Das Gegenwärtige, das ist diese mit sich selbst isomorph und isochron gewordene Zeit, eine Zeit, die sich nur auf privative Weise in ihrer Vergangenheit und in ihrer Zukunft lokalisiert, ohne jedoch eine greifbare Ewigkeit zu haben, eine auf einem schmalen Grat gespannte Zeit. Dieses Gegenwärtige ist zugleich die Zeit der weltweiten Abriegelung einer – technischen, ökonomischen, kulturellen – Zivilisationslogik, die über sich selbst zu zweifeln beginnt. Also zu zweifeln an dem, was das »Sein« seit der *ousia* Platons immer impliziert hatte (was einen nicht vergessen lassen sollte, dass Platon auch von einer *epekeina tès ousias* spricht). Es scheint sehr plausibel, dass diese unsere Zeit auf diejenige Platons als deren Suspension und deren Umbruch antwortet. 26 Jahrhunderte, das ist genug für eine Zivilisation. Von Marx und Nietzsche bis zu Heidegger hat es nicht an Zeichen gefehlt, die die Erschütterung anzeigen: Lenin, Freud, Einstein, Husserl … Heidegger repräsentiert dabei den entscheidenden Punkt, weil sich durch ihn das Unbehagen um das »Sein« herum kristallisiert hat. Da, wo jeder der anderen einen Fortschritt sah, ein Vorankommen und sei es ein kritisches Vorankommen, versammelte er unter dem Namen der Ontologie alle Wesenszüge und das ganze Problem des Okzidents. Mit ihm kann man sagen, dass das Gegenwärtige als in sich selbst schwebende Zeit als Beweggrund und Motiv der Philosophie erscheint. Bis hin dazu, die Rede vom »Ende der Philosophie« zu bemühen. Seit seiner Zeit sind wir noch immer in der Schwebe. Nicht ohne Bewegung, sicherlich, in schwierigen Bewegungen, zögerlich, wie es sich für eine Periode gehört, in der die Sicherheiten zumindest erschüttert oder suspekt geworden sind.

Selbst der Antisemitismus Heideggers – das heißt sein jämmerlicher Rückgriff auf eine Banalität seiner Zeit – zeugt von etwas: Denn der Antisemitismus liegt unserer römisch-christlichen Kultur zugrunde und bildet so fundamentale Motive, die an einer Art von Teilung und Selbstzurückweisung der okzidentalen Identität festhalten. Und Heidegger repräsentiert einen Kulminationspunkt dieser Selbstkritik oder dieses Selbsthasses – der im Übrigen der Philosophie vor Marx und Nietzsche eher fremd geblieben ist. Es gibt da einen bemerkenswerten Zug, der auch Heidegger im Inneren von sich selbst trennt.

Vielleicht kann man sagen, dass eine komplexe, chiastische Teilung zwischen Sein und Sinn tatsächlich das Gegenwärtige einer französisch-deutschen Kombinatorik markiert, in der sich die Philosophie abspielt – zumindest jene, die sich nicht dem Sein oder dem Sinn widersetzt, das heißt, die nicht einfach die Ontologie zugunsten einer Betrachtung der »Formen der Sprache« oder der »Formen des Lebens« verabschiedet. Ich weise nicht Wittgenstein zurück, ich denke einfach nur, dass die Philosophie einen anderen Einsatz hat, der sich in dem »Realen eröffnet, das nicht auf die Fiktion eines versteckten und unzugänglichen Dings reduzierbar ist«, wie Alain es vorhin ausgedrückt hat.

Ich stimme dieser Forderung nach dem, wenn man so sagen kann, Real-Realen zu, eine Forderung, die einiges mehr als eine Forderung ist, die nämlich insgesamt die philosophische Leidenschaft selbst ist – in gewisser Weise geweckt durch die Husserl'sche Anweisung, »zu den Sachen selbst« zu gehen. Das Reale als Sein und/ oder Sinn, als Chiasmus der beiden. Dies zeigt sich darin, dass heute, in Zusammenhängen eher außerhalb der französisch-deutschen Kombinatorik, eine Strömung zugunsten des »Realen« dominiert – unter Namen wie »Neuer Realismus«, »spekulativer Realismus« oder »Orientierung am Objekt«. Diese Tendenz nimmt an, dass die Philosophie sich in der Subjektivität eingeschlossen hätte, im Verhältnis zu welcher alles abgewägt und relativiert würde. Aber diese Annahme ist äußerst naiv: Als Prozess eines »Subjekts« mit einer einseitigen Beziehung zu »Objekten« wurde das Denken niemals behandelt, selbst nicht bei Descartes, selbst nicht bei Kant. Alles hat immer begonnen und wieder begonnen mit dem In-der-Welt-Sein, damit, in eine Welt geworfen zu sein, die nicht gegeben und nicht gesichert ist, die aber absolut existiert.

Nachwort
von Jan Völker

Ein paar Bemerkungen seien an das Gespräch zwischen Alain Badiou und Jean-Luc Nancy, das sich am 30. Januar 2016 in Berlin zutrug, angefügt, als eine Form des erweiterten Danks an die beiden Gesprächspartner und alle weiteren Beteiligten. Genauer gesagt sind es drei Bemerkungen, die sich auf die Frage beziehen: Was heißt es, ein philosophisches Gespräch aus französischer Perspektive über deutsche Philosophie zu führen? Wir wollen diese Frage kurz in der Entfaltung dreier Paradoxa untersuchen.

Beginnen wir mit der Frage des philosophischen Gesprächs. Ein Gespräch unter Philosophen, das ist keine ganz leichte Sache. Ein nahezu klassisches Zitat in diesem Zusammenhang ist die Formulierung von Gilles Deleuze und Félix Guattari: »Jeder Philosoph ergreift die Flucht, wenn er den Satz hört: Laß uns ein wenig diskutieren«. Der Philosoph Deleuze und der Psychoanalytiker Guattari waren überzeugt, dass Diskussionen der Philosophie nicht förderlich seien, denn »Diskussionen«, so begründeten sie das Verdikt, »eignen sich gut für Gespräche am runden Tisch, aber es ist ein anderer Tisch, auf dem der Philosoph seine Ziffern auswürfelt. Die Diskussionen, und niemand wird dies leugnen können, würden die Arbeit nicht voranbringen, da die Gesprächsteilnehmer niemals von derselben Sache sprechen.«[1]

Das ist keine gute Ausgangslage für ein öffentliches Gespräch zwischen Philosophen. Eine Diskussion zu führen, wird in dem zitierten Urteil nun allerdings als etwas ganz Bestimmtes verstanden: als Austausch individueller Meinungen mit dem Ziel, zu einem gemeinsamen Ergebnis über eine Sache zu kommen. Die Arbeit der Philosophen besteht aber für Deleuze und Guattari vielmehr darin, Begriffe zu erschaffen, eine komplexe begriffliche Konstruktion um ein Problem herum zu entwerfen. Eine solche Arbeit entzieht sich der Diskussion, weil diese in ihrer zunehmenden Eindeutigkeit den Raum für diskutierbare Vagheiten und Eventualitäten, den Raum für die Abwägung, das Zugeständnis und die Verhandlung schließt. Zugespitzt ließe sich sagen: Die Philosophie sucht in ihrer Arbeit genau das herzustellen, was der Diskussion entgeht.

1 Gilles Deleuze, Félix Guattari, *Was ist Philosophie?*, Frankfurt am Main 2000, S. 35.

Vor diesem Hintergrund stellt sich die Frage, ob ein Gespräch unter Philosophen dann nur so aussehen könnte, dass die Teilnehmer reihum geschlossene Thesen verlautbaren, die in dem einen oder anderen Moment zufällig und grundlos übereinkommen. Beckett wäre der heimliche Meister solcher Dialoge: Wie zwischen Wladimir und Estragon entspänne sich ein Gespräch, dessen Gemeinsamkeit nie gesichert wäre und das zwischen überraschend-absurden Zustimmungen und ostentativer Kommunikationsverweigerung hin- und herpendeln würde.

So wie jedoch *Warten auf Godot* nicht als Beweis der Unmöglichkeit eines Gesprächs verstanden werden muss, sondern sich das im Stück gezeigte Gespräch gerade in seiner Eigensinnigkeit entwickelt, so muss vielleicht auch der Pessimismus von Deleuze und Guattari nicht geteilt werden. Es stimmt allerdings, dass die Philosophie nicht gerade bekannt für Gesprächsangebote ist. Die Philosophiegeschichte ist vielmehr voll von Beispielen prominenter Diskussionsverweigerung. Es ließe sich beispielsweise an einen ironischen Sokrates denken, der sich nicht scheut, die Begriffsstutzigkeit seines Gesprächspartners auszustellen und ansonsten von diesem hauptsächlich verlangt, das scheinbare Gespräch durch verschiedene Variationen von »Ja, so ist es!« aufrechtzuerhalten. Eine Diskussion findet jedoch nicht statt, sicherlich nicht als ein Austausch von Meinungen, aber auch nicht in einem anderen Sinne. Man könnte aber auch an Texte Derridas oder Adornos denken. So manche Bemühung, sie zu verstehen, sie also als Adresse an sich als Leser anzusprechen, resultiert allein darin, dass die Texte sich noch weiter in sich zurückziehen und ihr eigenes Spiel beginnen. In einem wesentlichen Moment verweigern sie sich dem Austausch von Mitteilungen. Schließlich ließe sich auch an Hegel denken, der in der *Phänomenologie des Geistes* gleich zu Beginn das jeweilige individuelle Meinen der Meinung im Gegensatz zu der auf das Allgemeine gehenden Wahrheit begreift: Sprache übersteigt das individuelle Meinen, weil sie notwendigerweise ein wahres Allgemeines ausdrückt – man kann also nicht einmal sagen, was man individuell meint. Die Philosophie kann kein Interesse an der Meinung haben, streng genommen benötigt sie aber auch jenseits der Meinung kein Gespräch, denn es gibt kein Gegenüber des Allgemeinen.

Verweigerung der gemeinsamen Diskussion, Verweigerung einer Verbindung durch Mitteilung, Verweigerung der Anerkennung eines Gegenübers – das sind drei Strategien, mit denen die Philosophie die Grundlage eines Gesprächs durchkreuzt. Es ist also sicherlich richtig, dass eine Diskussion von mitgeteilten Meinungen über verschiedene Formen des Allgemeinen für die Philosophie ein wirkliches Unding ist, ein buntscheckiges Monster der Beliebigkeit, vor dem jede Philosophie sich fürchtet. Ein fröhlich-liberaler Austausch von Gedanken, eine freundlich entgegenkommende Einbeziehung der Argumente des anderen, die warmherzige Öffnung der eigenen Argumente und am Ende idealerweise die geteilte, gemeinsam erreichte Auffassung über »die Sache« – in all diesem fürchtet die Philosophie ihre »Sache« zu verlieren. Die »Sache« der Philosophie ist die Unterscheidung. Die Diskussion von Meinungen bereitet aber den Konsens vor, und Konsens war jedoch nie eine Stärke der Philosophie. Es kann also keine Ergebnisse, keine Beschlüsse oder Erlasse geben, keine gemeinsame, abgewogene Bewertung von irgendetwas. Die Philosophie ist immer ein wenig entrückt und eitel, sie macht sich damit keine Freunde.

Wenn sich die Philosophie nun dem Gespräch mit verschiedenen Techniken entzieht und die Diskussion fürchtet, so ist das doch nur ihre eine Seite. Denn zugleich ist die Philosophie immer eine Adresse an alle, die sich als solche zu realisieren sucht. Sie ist eine eminent rationale Angelegenheit, ein Diskurs der Vernunft und des Arguments, praktisch ausgeführt in der Überzeugung, mit jedem sprechen zu können. Sie meidet folglich die Beschwörung und den Verweis auf jenseitige, nicht einsehbare Quellen, sie rechnet in nachvollziehbaren Beweisen und logischen Verkettungen. Als vernünftiger Diskurs zielt die Philosophie auf das Einverständnis des anderen, sie verweigert sich dem begründeten Argument nicht, sie sucht den gedanklichen Fortschritt. Sie zielt, mit anderen Worten, in ihrer Rationalität auf die Öffentlichkeit, sie trägt diese Rationalität in und vor aller Öffentlichkeit aus, sie ist damit eine rationale Praxis. Sokrates ist keiner diskursiven Auseinandersetzung aus dem Weg gegangen, seine gesamte Philosophie besteht aus Gesprächen. Derrida hat viele seiner Bücher zunächst als Vortrag gehalten, Adorno hat häufig und gern im Radio gesprochen, und auch Hegel war im Wesentlichen ein vortragender Philosoph. Philosophie kommt nicht ohne das öffentliche Sprechen aus, sie sucht und braucht die Öffentlichkeit. Sie ist ganz wesentlich ein öffentliches Geschehen – selbst das Buch ist noch ein an die Öffentlichkeit gerichtetes Schreiben, das auf die Praxis reflektiert, indem es sie zurücknimmt. Es gibt, aus dieser Perspektive, keine private Philosophie, keine Philosophie, die nicht von Beginn an öffentlich ist, die nicht, sobald sie zu denken beginnt, das Private schon verlassen hat und eine Praxis sucht.

Aber was bedeutet es dann genau, wenn man die Öffentlichkeit eine Bedingung ihres Denkens nennt? Benötigt die Philosophie ein großes Publikum, einen gefüllten Marktplatz? Eine schöne Szene in Platons *Protagoras* verdeutlicht das Problem: Der junge Hippokrates bittet Sokrates, für ihn ein Wort beim Sophisten Protagoras einzulegen, auf dass dieser ihn in die Lehre nehme. Die beiden beschließen, den Sophisten aufzusuchen, um mit ihm zu sprechen und zunächst zu klären, was Hippokrates gelehrt bekäme. Sie treffen auf Protagoras, und dieser pocht darauf, dass das Gespräch über die Inhalte seiner Lehre öffentlich stattzufinden habe, da er als Sophist andere zu erziehen suche. Der Sophist, so ließe sich ergänzen, ist der öffentliche Redner schlechthin, denn seine Rede will erziehen, benötigt also den anderen als sein Gegenüber. Immer wieder wird den Sophisten in den platonischen Dialogen jedoch vorgeführt, dass sie eigentlich nicht wissen, wovon sie reden. Hippias, ein anderer Sophist, verzettelt sich in seinen Definitionsversuchen der Schönheit, die jeweils auf einem partikularen Beispiel ruhen und über diese einzelnen Fälle hinaus nicht auf die Ebene des Allgemeinen gelangen. Die Sophisten vermögen es weder, ihre Überzeugungen im Wesentlichen zu begründen, noch können sie die einzelnen Ansichten zum Schönen, zur Tugend oder zum Denken zu einem Wesen zusammenführen – weil ihre Ansichten letztlich jeweils auf der Ebene der Einzelfälle verbleiben. Weil das aber eine Unabschließbarkeit hervorbringt, in der die Beispiele vervielfacht oder das

Wissen beständig verfeinert werden müssen, ist der Sophist in dem befangen, was die Privatheit der partikularen Überzeugungen genannt werden kann. Es ist also der Sophist, der letztlich vor großem Publikum nicht öffentlich, sondern privat denkt. Von Sokrates in die Enge getrieben muss derselbe Hippias schließlich um einige Minuten Bedenkzeit bitten. Er benötigt Abstand zum Gespräch, um seine Überzeugung zu überprüfen. Platon führt den Sophisten vor: Er lehrt öffentlich und denkt privat, wohingegen der Philosoph öffentlich denkt, dazu aber kein großes Publikum benötigt – er denkt in der Auseinandersetzung. Ja, er denkt die Auseinandersetzung und Unterscheidung als solche, weshalb er, wie Sokrates immer wieder herausstellt, keine Inhalte hat, die er lehren könnte. Der Philosoph zielt auf das Wissen, um es zu befragen, und vielleicht ändert er es, aber weder verfügt er über eigenes Wissen, noch präsentiert er welches. Der Philosoph macht in diesem Sinne, mit einem Wort Kants, einen öffentlichen Gebrauch von seiner Vernunft. Wer aber so öffentlich denkt, denkt immer schon über öffentliche Dinge nach, weil es Dinge der Auseinandersetzung mit einem beliebigen anderen sind. In diesem fundamentalen Sinn ist Philosophie immer ein Gespräch, immer eine Auseinandersetzung.

Folglich ist also ein Gespräch für den Philosophen die natürlichste Geste schlechthin, und öffentlich ist dieses Gespräch von Anbeginn an. So ergibt sich jedoch ein schwieriges Bild von der Philosophie: Sie ist sowohl eitel und entrückt als auch ein öffentlicher Denkakt. Die Philosophie ist eine vernünftige, öffentliche Auseinandersetzung mit jedem über öffentliche Dinge, die sich aber nicht nur der individualisierenden Diskussion des Gesagten entzieht, sondern auch der praktischen Zusammenfassung in einem der Kommunikation anvertrauten Wissen. Man könnte auch sagen, dass die Philosophie die öffentliche Kommunikation in einem öffentlichen Akt stört und die Frechheit besitzt, diese Störung vollkommen transparent zu halten. Bei Platon hieß dieses Gespräch, dieser widersprüchliche öffentliche Denkakt – Dialektik.

Man kann leicht sehen, dass dies eine Haltung ist, die vor allem heute von der allgemeinen Öffentlichkeit, in der die Philosophie eine einzelne Stimme der Ausnahme darstellt, nicht sonderlich geschätzt wird. Die Philosophie hat einen schweren Stand, weil sie das Wissen untergräbt, ihm einen Begriff gegenüberstellt, der für die Fragen des Wissens nicht unmittelbar zu gebrauchen ist. Sie produziert unnütze Fragen, sie produziert Probleme oder sie unterteilt die scheinbar gleichzeitige Zeit. Zu allem Überfluss macht sie dies auf rationale und strukturierte Weise, entfaltet endlose Komplikationen von Dingen, nimmt ihnen die Einfachheit und den angestammten Gebrauch, verändert sogar das Wissen von ihnen. Mit einem Wort – sie unterscheidet.

So kann man das erste Paradox des philosophischen Gesprächs zusammenfassen: Die Philosophie sucht ein vernünftiges Gespräch, das sich dem praktischen Ergebnis und der Kommunikation durch die vervielfachten Unterscheidungen so verweigert, dass sich diese Sperrigkeit noch in die Formen ihrer Rede einträgt. Sie ist also verständlich, weil sie ein rationaler Diskurs ist, und sie ist unverständlich, weil sie sich in ihren fortgeführten Unterscheidungen der Kommunikation entzieht. Es gibt keine Philosophie ohne Auseinandersetzung, der Philosoph befindet sich immer in der Auseinandersetzung mit dem Denken und den Dingen, die ihm gegenübertreten. Und so ist auch ein Gespräch unter Philosophen möglich, gerade weil sie nicht über die gleiche Sache sprechen. Dieses eigentliche Gespräch zeichnet sich aber weniger in Figuren des gegenseitigen Einverständnisses ab, als dass es sich vielmehr entlang von Widersprüchen und über unverbunden Nebeneinanderstehendes entfaltet. Über diesen Umweg führt das philosophische Gespräch schließlich sogar noch auf eine ambivalente Übereinstimmung, die die geteilte Sache der Philosophie betrifft, ihren Willen zur Unterscheidung.

Wenn die Philosophie aber spricht, indem sie unterscheidet, dann ist in dieser Widersprüchlichkeit ihres Gesprächs bereits eine weitere Widersprüchlichkeit angedeutet. Die Philosophie führt nicht nur eine eigenartige Form der Auseinandersetzung, sondern sie pendelt in ihrer Form auch stets zwischen dem gesprochenen Wort und der Schrift. Sie kommt aus der Schrift, sie zielt auf die Schrift, und sie braucht die Schrift, mit der sie sich über die Flüchtigkeit des gesprochenen Wortes hinaus in die Wirklichkeit einträgt, die Zeit zu überdauern vermag. So benötigt sie das Buch. Als Buch findet das Gespräch erst zu sich, und zwar vielleicht gerade deshalb, weil man als Leser möglicherweise bedauert, nicht dabei gewesen zu sein, und ein Abstand greifbar wird. Es ist aber dieser Abstand – als Rede schon auf die Schrift zu zielen, in der Schrift verlorene Rede zu sein – in dem die Philosophie ihren Weg nimmt. Es ist nicht ganz einfach, die Frage zu beantworten, ob Sokrates ohne Platon ein Philosoph gewesen wäre. Wagen wir es einfach und sagen wir: in einem strengen Sinne – nein. Denn das Buch ist eine andere, wesentlich zur Philosophie gehörige Form. Eine Philosophie benötigt schriftliche Einträge, um jene Gegenwart zu stützen, die sie im Gespräch konstruiert. Diese Gegenwart der Philosophie ist schwach und droht mit dem Gespräch im reinen Verlauf der Zeit zu verschwinden. Das Buch aber stützt die Gegenwart der Philosophie, und zwischen Rede und Schrift konstruiert sie eine

Gegenwart, die mit der sie umgebenden Gegenwart in eine Auseinandersetzung tritt. Die Einträge, die sie in den Büchern macht, sind ja keine zeitlosen Sätze, sondern nichts anderes als Resultate, die aus der sie umgebenden Zeit geschöpft sind, also aus dem Gespräch über öffentliche Dinge. Das Buch ist folglich notwendig, um die schwache Stimme zu stützen, aber es ist zugleich auch kein Abschluss, weil es erneut nichts anderes darstellt als eine weitere Ansprache an die Öffentlichkeit. Das ist das Problem des Buches: Es hält jenen Aspekt fest, der sich der Zufälligkeit der einzelnen Meinung und der Beliebigkeit der ablaufenden Zeit entzieht, zugleich droht es jedoch, die Philosophie in ein Wissen zu verwandeln, das sie anscheinend außerhalb der Zeit positioniert. Dann ließe Philosophie sich lehren und müsste nicht mehr die Auseinandersetzung suchen. Die Philosophie aber lebt von der Auseinandersetzung, der sie sich zugleich entzieht, so wie sie Bücher schreibt, die stets wieder die Auseinandersetzung benötigen. Das Buch treibt das komplizierte, umwegige und die Meinung umgehende Gespräch, das sich über Gegensätze und Unverbundenheiten fortsetzt, voran, es ist Teil des Gesprächs. Hierin besteht das zweite Paradox des philosophischen Gesprächs: Es zielt schon immer auf das Buch ab, weil es schon immer über den Moment hinausgeht, aber das Buch ist keinesfalls sein Abschluss, sondern nur eine weitere Wendung.

Zwischen elitärer Eigensinnigkeit, die sich als universale Ansprache begreift und einer Rede, die immer schon auf das Buch zielt, ohne dieses als Abschluss zu begreifen, zeichnet sich die Figur des philosophischen Gespräch ab: Es konstruiert sich seinen eigenen Platz, indem es eine Auseinandersetzung führt, die den Austausch von Meinungen und Wissen, an denen es immer wieder abprallt, vermeidet und indem es sich beständig zwischen Buch und Wort hin- und herbewegt. Es ist eine Zickzacklinie, die nicht nur einen ganz eigenen Ort, sondern auch eine ganz eigene Zeitlichkeit umschreibt.

Die Sache der Philosophie ist dieser geteilte Platz, diese geteilte Zeitlichkeit. Ausdruck findet diese Teilung klassischerweise im Begriff – so wie etwa Hegel den Begriff der Idee mit Platon teilt. Ausdruck findet sie auch in der Teilung eines Problems: wie Derrida mit Adorno das Problem der Sprache teilt. Begriff und Problem verweisen beständig aufeinander: Wenn der Begriff das Instrument der Unterscheidung ist, verweist das Problem auf den Raum der Begriffe. Das Gespräch teilt sich in die Eigensinnigkeit des Begriffs und die Öffentlichkeit des Problems, wie die Schrift den Begriff vorantreibt, den sie als Rede in ein öffentliches Problem einschreibt. Die geteilte Sache der Philosophie, in dem Raum und der Gegenwart zwischen Begriff und Problem, findet aber drittens Ausdruck in einer Konstellation, da sie eine Auseinandersetzung mit anderen ist. So teilt Platon mit den Sophisten den öffentlichen Raum als umstrittenen Raum. Geteilte Begriffe und geteilte Probleme eröffnen in der Konstellation einen eigenen Zeitraum der Philosophie.

Und es ist dieser Zeitraum, in dem sich schließlich das dritte Paradox der Philosophie zeigt, die raumzeitliche Entfaltung ihres Denkkörpers; eine nicht ganz einfache Entfaltung, die eine Reihe problematischer Namen hervorbringt: Denn was heißt schon »Idealismus« oder »Strukturalismus«? Oder, noch problematischer, was heißt schon »deutsche Philosophie« oder »französische Philosophie«? Solche Namen – sei es die »deutsche«, sei es die »französische«, sei es die »englische« Philosophie – müssen zunächst irritieren. Nationalphilosophien? Man möchte meinen, wir seien weiter!

Folgt man der Philosophie entlang der verzweigten Teilungslinien der Begriffe, Probleme und Konstellationen sowie entlang der Positionen sich überkreuzender Sprünge in Reden und Büchern, dann steht zunehmend infrage, was diese Namen eigentlich bezeichnen. Fassen sie die Gemeinsamkeit einer Identität? Oder bezeichnet nicht »deutsche Philosophie« wie auch »französische Philosophie« zunächst die

Konstellation einer Widersprüchlichkeit? Badiou beginnt das vorliegende Gespräch mit einer Unterteilung der Philosophie in eine Kette diskontinuierlicher Momente, die er als »griechische«, »deutsche« oder »französische« Momente der Philosophie unterscheidet. Zum »französischen« Moment im 17. Jahrhundert zählt Badiou jedoch beispielsweise Leibniz und Spinoza. Nancy wiederum weist auf die Schwierigkeit Kants hin, in einer Sprache zu schreiben, die seinem Denken noch nicht genügend Möglichkeiten bietet, um sich so zu entfalten, wie er es eigentlich wünscht. Stattdessen ist er in einem veralteten Deutsch verfangen, dem er zugleich auch anhängt. Weder sprachliche noch nationalstaatliche Grenzen konstituieren den Gehalt »deutscher« oder »französischer« Philosophie. Verstehen wir also »deutsche Philosophie« oder »französische Philosophie« nicht zu schnell als Zuweisungen einer Identität, sondern eher als Rahmen komplizierter Auseinandersetzungen. Philosophie, als universale Adresse, lässt sich nicht in den Grenzen einer Nation einhegen, nicht einmal in denen einer Sprache, aber sie erscheint in einer Vielfalt von Gestalten, deren äußeres Kennzeichen oft die Sprache ist. Hinzu kommt, dass Figuren wie die »deutsche Philosophie« oder die »französische Philosophie« in verschiedenen Durcharbeitungen an verschiedenen Stellen wieder auftauchen. Im vorliegenden Gespräch erscheint nun die »deutsche Philosophie« in ihrer Durcharbeitung durch die »französische Philosophie«. Sie hat in dieser Durcharbeitung, das ist unbestritten, eine ganz eigene Form, die sich von anderen Erscheinungen der »deutschen Philosophie« in anderen Diskursen unterscheidet. Was ist dann die »deutsche« oder die »französische« Philosophie? Zweifelsohne nicht die eine oder die andere Erscheinung, sondern vielmehr die Gesamtheit der Konsequenzen, die sie hervorbringen. Über diese herrscht jedoch kaum jemals abschließende Einigkeit. Nancy spricht die berühmte Verschiebung an, die sich mit der Französischen Revolution zwischen Deutschland und Frankreich in der Philosophie einstellt: Eine Distanz in Form der Erwartung, der Befürchtung oder des Versuchs einer anderen Revolution trägt sich in die deutsche Philosophie ein. Eine ähnliche Überkreuzung begründet das Moment der gegenwärtigen »französischen Philosophie«, wie Badiou ausführt: In ihrem Beginn ist sie geprägt von einer erneuten Lektüre deutscher Philosophen. Namen wie »deutsche Philosophie« oder »französische Philosophie« sind Bezeichnungen komplexer Konstellationen, die auf Sprachen und Staaten referieren, in denen aber vor allem geteilte Begriffe und Probleme erscheinen, allerdings in verschiedenen Formen. Vielleicht können sie deshalb ihren vollen Gehalt erst in jenem Moment entwickeln, in dem sie in der Übersetzung auftauchen. Vielleicht erscheinen sie dann erst in ihrer eigentlichen Struktur: Nicht verfälscht wie in so mancher Diskussion, nicht als Orthodoxie und Dogmatik wie bei den Gläubigen des unveränderlichen Wissens, sondern in der Rückführung auf ihre wesentlichen Gehalte, die in der Übersetzung als Erneuerung der Kraft der Unterscheidung geschieht. Die Übersetzung der einen Philosophie in die andere führt so fort, was sie auf ihren wesentlichen Gehalt zurückführt. Sie erneuert, aktualisiert, indem sie die Unterscheidungen wiederholt. Sie führt ein Gespräch, sie schreibt die Gegenwart der Philosophie.

Was bedeutet es dann, ein philosophisches Gespräch aus französischer Perspektive über deutsche Philosophie zu führen? Es bedeutet zunächst, die Gegenwart der Philosophie zu demonstrieren, ihre Sache zu teilen, in der Auseinandersetzung um geteilte Begriffe Probleme zu entfalten. Es bedeutet, ihren Denkkörper zu aktualisieren. So ist ein Gespräch immer eine Ansprache, eine Praxis – eine Aufforderung, ein Anschreiben.

Erste Auflage Berlin 2017

MSB Matthes & Seitz Berlin Verlagsgesellschaft mbH
Göhrener Str. 7 | 10437 Berlin
info@matthes-seitz-berlin.de

Satz: psb, Berlin
Druck und Bindung: Art Druk, Szczecin
Umschlaggestaltung nach einer Idee
von Pierre Faucheux
ISBN 978-3-95757-350-6
www.matthes-seitz-berlin.de